Gefühle

Campus Studium

Martin Hartmann ist derzeit Privatdozent am Institut für Philosophie der Goethe-Universität in Frankfurt/Main und ab 2011 Professor für Philosophie an der Universität Luzern.

Martin Hartmann

Gefühle

Wie die Wissenschaften sie erklären

Campus Verlag
Frankfurt/New York

Bibliografische Information der Deutschen Nationalbibliothek
Die Deutsche Nationalbibliothek verzeichnet diese Publikation in der Deutschen
Nationalbibliografie. Detaillierte bibliografische Daten sind im Internet unter
http://dnb.d-nb.de abrufbar.
ISBN 978-3-593-39285-1

2., aktualisierte Auflage 2010

Das Werk einschließlich aller seiner Teile ist urheberrechtlich geschützt.
Jede Verwertung ist ohne Zustimmung des Verlags unzulässig. Das gilt insbesondere für
Vervielfältigungen, Übersetzungen, Mikroverfilmungen und die Einspeicherung und
Verarbeitung in elektronischen Systemen.
Copyright © 2005 Campus Verlag GmbH, Frankfurt am Main
Umschlaggestaltung: Guido Klütsch, Köln
Satz: Campus Verlag GmbH, Frankfurt am Main
Druck und Bindung: Beltz Druckpartner, Hemsbach
Gedruckt auf Papier aus zertifizierten Rohstoffen (FSC/PEFC).
Printed in Germany

Besuchen Sie uns im Internet: www.studium.campus.de

Inhalt

Vorwort zur zweiten Auflage 7

Einleitung 13

    Affekt, Gefühl, Emotion, Empfindung: Begriffsklärung 28

1. »Wir fürchten uns, weil wir zittern«:
Ein Anfang mit William James 37

    Introspektion als Ausgangspunkt 37

    Der »Irrtum« des natürlichen Denkens 39

    Erschöpfen sich Gefühle in der Empfindung körperlicher
Veränderungen? 42

    Die Gegenstände des Gefühls 45

    Cannons Kritik: Furcht und Wut beschleunigen
den Herzschlag 49

2 Urteile, Überzeugungen, Wertungen:
Die Rationalisierung der Gefühle 53

    Was kennzeichnet kognitivistische Gefühlstheorien? 53

    Sprache als Ausgangspunkt 60

    Der reine Kognitivismus 63

    Kognitionen und Körper 71

    Kognitionen und Wünsche 79

Wie sich Gefühle anfühlen:
Der phänomenologische Ansatz 83

»Eine Art, die Dinge zu sehen«:
Gefühle als Wahrnehmungen 86

Der Hund ist nicht gefährlich, und trotzdem fürchte ich
mich vor ihm: Die Widerständigkeit der Gefühle 89

3 Kinder, Körper und Kognitionen 93

Haben Kleinkinder Gefühle? 93

Gefühle werden durch kognitive Elemente nicht
hinreichend bestimmt 97

Die undeutliche Rolle des Körpers 98

»Aufruhr der Gedanken«: Martha Nussbaum 100

4 Psychologie und Hirnforschung 107

LeDoux, Damasio und der Schädel des Phineas Gage 108

Was sind Affektprogramme? 116

Die Herrschaft der Gefühle 121

Deweys Analyse des Reiz-Reaktions-Schemas und
Heideggers Furcht: Bausteine einer Kritik
neurowissenschaftlicher Gefühlstheorien 124

5 Die Notwendigkeit eines umfassenderen Zugriffs 135

Beatlemania 135

Selbstverständnis und Narrativität 139

Am Beispiel der Scham 147

Literatur 153

Glossar 167

Vorwort zur zweiten Auflage

Als dieses Buch 2005 zum ersten Mal erschien, versuchte es, in eine bereits ausufernde Debatte Übersicht zu bringen, um potenziellen Einsteigern den Zugang zu erleichtern. War dieser Versuch schon zu diesem frühen Zeitpunkt von zahlreichen Auslassungen und Vereinfachungen gekennzeichnet, so gilt dies gut fünf Jahre später umso mehr. Die Debatten, die sich mit dem Phänomenbereich der Gefühle beschäftigen, sind intensiv weitergeführt worden. Angesichts dieser Fülle an neuem »Material« stellt sich dieser aktualisierten Neuauflage das Problem der Auslassung und Vereinfachung also noch einmal in verschärfter Weise. Sie kann unmöglich das gesamte Feld der Gefühlsforschung erfassen und muss, wie schon in der ersten Auflage erprobt, eine Auswahl treffen, die nicht jeden zufriedenstellen wird, denn jenseits von Fragen der Kompetenz und des Umfangs offenbart eine jede Auswahl immer auch die Vorlieben und Neigungen des Autors.

Drei Auswahlkriterien, die in der ersten Auflage zum Tragen gekommen sind, werden auch in dieser aktualisierten Auflage durchgehalten. Zum einen ist es nach wie vor nicht möglich, die historische Perspektive über William James hinaus auszudehnen. Dieser Umstand ist misslich, denn mittlerweile zeigt ein zunehmendes historisches Interesse an Gefühlen (Landweer/Renz 2008), wie unberechtigt die Behauptung ist (und immer war), in der Tradition der abendländischen Philosophie hätten sich Gefühl und Vernunft stets unversöhnlich gegenübergestanden. In der Einleitung zu diesem Buch weise ich selbst schon darauf hin, wie verzerrt diese Behauptung ist, aber nur eine ausführliche Beschäftigung mit dem Reichtum überlieferter Positionen der Gefühlsforschung könnte tatsächlich belegen, dass hier ein »allseits beliebter Pappkamerad« (Landweer/Newmark 2009, S. 95) offenbar dazu dienen sollte, die eigene Position mit innovatorischer Radikalität zu drapieren. Der Ausgang von William James, das ist das zweite Auswahlkriterium, das mit dem ersten eng verbunden ist, dient aber natürlich nicht nur der Begrenzung des Buchumfangs, er hat auch einen systematischen Grund. Mit James nämlich lässt sich eine Debatte rekonstruieren, die als Debatte zwischen Kognitivisten und Anti-Kognitivisten gefasst worden ist. Diese Debatte diente schon in der ersten Auflage als Leitfaden, an dem zunächst alle verhandelten Positionen und Thesen aufgehängt werden, und sie wird deswegen trotz mancher darstellungsbedingten Stilisierung auch in dieser aktualisierten Fassung eine Rolle spielen. Freilich kann es auch in dieser aktualisierten Fassung nicht um neue Positionsmarkierungen der Kognitivisten oder der Anti-Kognitivisten (siehe Kap. 2 und Glossar) gehen, sondern eher um die Überwindung der die Debatte leitenden Gegensätze (dass die Diskussion entlang dieser Unterscheidung freilich nicht vollständig abgeebt ist, zeigen einzelne Aufsätze in Goldie 2010, etwa die von de Sousa, Helm und Roberts). Es geht mir vor allem im letzten Kapitel dieses Buchs um Versuche, die gegenwärtig unternommen werden, um den Rahmen der Diskussion zwischen Kognitivisten und Anti-Kognitivisten zu sprengen. Damit wird tatsächlich eingelöst, was ich selbst als einen »umfassenderen Zugriff« auf das Phänomen der Gefühle bezeichnet habe, denn nun kommen ganz neue und bislang eher vernachlässigte Aspekte des Gefühlsphänomens ins Spiel. Gleichwohl wäre es auch hier übertrieben, von einer einheitlichen Position zu sprechen, und es wird wichtig sein, einzelne Differenzen zu benennen.

Durch die weitgehende Überwindung der scharfen Dichotomie zwischen Kognitivisten und Anti-Kognitivisten wird es allerdings auch schwieriger, eher naturalisierende oder experimentelle Ansätze der Gefühlsforschung in das schwerpunktmäßig philosophische Narrativ dieser Einführung zu integrieren. War es noch möglich, etwa die Theorie der Affektprogramme als anti-kognitivistisch zu bezeichnen, so wird es zunehmend schwierig, neue Ansätze mit experimenteller Ausrichtung auf diese Dichotomie zu beziehen. Das gilt etwa für das verstärkte Interesse an den sprachlichen und gestischen Ausdrucksformen emotionaler Zustände, für Theorien der Gefühlsregulation, aber auch für neurowissenschaftlich orientierte Emotionsforschung. Letztere geht zwar häufig davon aus, dass die Aktivität der neurologisch erfassbaren Emotionszentren des Hirns und die emotionsbegleitenden neurologischen Prozesse insgesamt explizit kognitiven Prozessen vorgelagert sind, aber man kann nicht sagen, dass dieser Punkt in der Breite der experimentellen Emotionsforschung die gleiche Relevanz besitzt wie etwa in der philosophischen Debatte um die Willensfreiheit, die ja immer wieder um die Frage kreist, ob bewusste menschliche Entscheidungen neurologisch determiniert und damit unfrei sind. Die Vielfalt der experimentellen Forschung ist viel zu groß und kann nicht auf eine einfache Dichotomie gebracht werden, was schon ein kurzer Blick auf die Forschungsprogramme des *Swiss Center for Affective Sciences* oder des Berliner Exzellenzclusters *Languages of Emotion* belegt. Für diese Einführung aber bedeutet das, dass die aktuellen experimentellen Ansätze der Gefühlsforschung kaum noch berücksichtigt werden können. Sie sind in sich zu zerklüftet und zerfranst, und jeder Versuch, sie begrifflich zu verallgemeinern, tut ihnen letztlich Unrecht. Hinzu kommt, dass sich erst noch zeigen muss, welche Ansätze und Ergebnisse empirisch orientierter Gefühlsforschung bleibenden Eindruck erzeugen können.

Schließlich verrät sich, drittens, meine disziplinäre Herkunft daran, dass ich eher solche Theorien in den Band aufnehme, die auf die eine oder andere Weise die Frage zu beantworten versuchen, was Gefühle sind, die also, wenn man so will, einen definitorischen Zug haben. Auch damit sind natürlich Engführungen und Abblendungen verbunden, die dazu führen, dass ich recht wenig auf solche Theorien zurückgreife, die sich mit einzelnen Aspekten von Gefühlen beschäftigen, ohne sich in jedem Fall um eine umfassende definitorische Klärung des Gefühlsbegriffs an sich zu kümmern. Ich will nur drei dieser Auslassungen nennen, die mir mittlerweile erheblich zu sein scheinen. Damit sei zugleich auf Forschungsfelder verwiesen, die sich in den letzten Jahren zunehmend mit Gefühlen beschäftigen, die aber in dieser Einführung kaum zur Sprache kommen.

Deutlich zugenommen hat etwa das Interesse an Gefühlen in historiographischen Forschungszusammenhängen. Zwar wird gelegentlich noch zaghaft gefragt, ob Gefühle überhaupt eine Geschichte haben (Konstan 2009), aber die Antwort der Geschichtswissenschaft scheint diesbezüglich mittlerweile eindeutig positiv zu sein. Am Berliner *Max-Planck-Institut für Bildungsforschung* etwa untersucht eine weitgehend von Historikerinnen und Historikern getragene Forschungsgruppe die »Geschichte der Gefühle« (unter der Leitung von Ute Frevert). Historische Ansätze zur Gefühlsforschung sind – gerade aus philosophischer Sicht – wichtig, weil sie von Anfang an einer Kontextualisierung des untersuchten Phänomens das Wort reden und darüber hinaus auch ein

Gespür für kollektive Dimensionen emotionaler Artikulationen haben (Frevert 2009).

Erwähnt sei allerdings eine gewisse Schwierigkeit dieser Forschung, die mir methodisch noch nicht hinreichend geklärt zu sein scheint, und die zum zweiten vernachlässigten Forschungsansatz führt: Die Geschichtsschreibung, so könnte man provokativ sagen, schreibt weniger eine Geschichte der Gefühle als eine Geschichte der Verschriftlichung oder der bildhaften Gestaltung von Gefühlen. So mag es möglich sein, Benimmliteratur auf die Ratschläge hin zu untersuchen, mit denen sie auf das Gefühlsleben der Leser Einfluss nehmen will. Die Forschung folgt damit der gut begründeten Intuition, dass Gefühle und ihr Ausdruck stets sozial und kulturell reguliert auftreten, aber es ist trotzdem eine andere Frage, ob die Leser sich dann wirklich so verhalten. Die »wirklichen« Gefühle scheinen historiographischer Forschung verschlossen zu sein, sie kann nur die in irgendeiner methodisch zugänglichen Form artikulierten Gefühle in den Blick bekommen. Nun mag man bezweifeln, dass es überhaupt so etwas wie »echte« oder »wahre« Gefühle jenseits ihrer historisch variablen Ausdrucksformen gibt. Frevert etwa hält die Rede von »Gefühlen an sich« für eine erkenntnistheoretische Fiktion und trifft damit zweifellos einen Punkt (2009, S. 205). Klaus Scherer wiederum geht in einem ganz anderen theoretischen Kontext ebenfalls davon aus, dass es so etwas wie absolut unkontrollierte, spontane »Affektausbrüche« kaum gibt. »In den weitaus meisten Fällen«, so Scherer, »ist der Emotionsausdruck ein zentrales Instrument der individuellen Emotionsregulation und der strategischen Kommunikation in der sozialen Interaktion.« (Scherer 2009, S. 169) Mit anderen Worten: wir sollten uns nicht auf die Suche nach »echten«, »natürlichen«, »spontanen«, »eigentlichen« oder »wirklichen« Gefühlen machen, weil Gefühle immer schon eine Sprache oder einen gestisch-physiologischen Ausdruck haben, der sie dem Subjekt und der Mitwelt des Subjekts vermittelt, und weil Gefühle immer schon in einem sozialen Rahmen auftreten, in dem ihr Auftreten mehr oder weniger streng reguliert ist.

Es ist vermutlich dieser Hinweis auf die historisch variable Vermitteltheit des Emotionalen in Sprache, Schrift, Bild, Geste, Skulptur, Intonation, Physiognomie etc., der viele der jüngsten Zugänge zum Thema kennzeichnet. Darin liegt zweifellos ein großer Gewinn für die Forschung, der nicht kleinzureden ist. Gleichwohl sollte sich diese Ausdrucksorientierung der Gefühlsforschung nicht über die Dimension hinwegsetzen, die vor allem in phänomenologischen Forschungskontexten hervorgehoben wird, nämlich die Dimension des »wie es ist«, ein Gefühl haben, das nicht ohne Bezug auf die Subjektivität der fühlenden Person eingefangen werden kann. Ich erwähne in dieser Einführung an einer Stelle Allan Gibbards Sentenz, wonach sich manche Gefühle (oder Stimmungen) nur pfeifen lassen, und möchte diese Dimension der gelegentlichen Unaussprechlichkeit des Emotionalen schon hier stark machen. Den phänomenologischen Ansätzen ist es zu verdanken, auf die irreduzible, Leiblichkeit und Intentionalität verbindende »Ursprünglichkeit« (Ferran 2008) aller Gefühle hingewiesen zu haben (vgl. auch Demmerling/Landweer 2007). Für diese leiblich gebundene Empfindungs- und Erfahrungsseite der Gefühle haben manche wissenschaftlichen Methodenparadigmen oft keine Sprache und kein Instrumentarium. Auch fällt es diesen Paradigmen schwer, den Faktor der Subjektivität von Gefühlen angemessen zu berücksichtigen, der zur Geltung kommt, wenn wir Dinge sagen wie: »Um ihr Gefühl zu verstehen, muss man die ganze Person kennen, muss wissen, wer sie ist und wie sie geworden ist, was sie ist.« Wir reden durchaus so, und manchmal hilft uns das auch, zu klären, ob das Gefühl einer Person echt ist oder nicht (Weber-Guskar 2009, S. 247). Es gibt diese Echtheit nicht jenseits der Art, wie sich eine Person verhält, wie sie reagiert, sich kleidet, spricht etc., aber die Tatsache, dass es sie nur qua dieser Ausdrucksformen gibt, verhindert nicht, dass einzig eine stark individualisierte Kenntnis genau dieser Person zum Verständnis einzelner Gefühle dieser Person beitragen kann. Frevert erwähnt explizit Tagebücher, Briefe und Autobiographien als historiographische Quellen der Gefühlsforschung (2009, S. 206), darin liegt wiederum ein richtiger Zug. Dennoch muss man sich klar machen, wie lang der Weg von diesen individualisierten Ausdrucksmedien zu verallgemeinerungswürdigen Aussagen ist, die Auskunft über tatsächliche Verhaltens- und Fühlweisen geben. Ich möchte nur dafür plädieren, sich dieser methodischen Schwierigkeiten voll bewusst zu sein, was nicht an allen Orten geschieht, so dass schon da von »Gefühlen« geredet wird, wo einfach nur ein emotionsnahes Vokabular in den Quellen auftaucht.

Ebenfalls für den Ausdruck von Gefühlen interessiert sich ein dritter Forschungszweig, der sich in den letzten Jahren dem Thema zugewandt hat. Ich meine die Thematisierung von Gefühlen in ästhetischen Kontexten (Robinson 2005). Es ist immer deutlich gewesen, dass Musik,

Literatur und auch die bildende Kunst hervorragende Ausdrucksmedien für Gefühle sind und zugleich intensive Gefühle im Rezipienten hervorrufen können. Platons Ausschluss der Dichter aus seinem Staat spricht Bände. Während die Musik nun schon seit längerem Gegenstand der Forschung ist (Budd 1985; Matravers 1998), sind die Ansätze in der Literaturwissenschaft noch zögerlich, die Kunst- und Medienwissenschaft wiederum hat das Themenspektrum der Gefühle mittlerweile mit großer Energie aufgenommen (Herding/Stumpfhaus 2004; Herding/Krause-Wahl 2007; Thomas 2010). Es würde den Rahmen dieser Einführung schlicht sprengen, wenn all diese Ansätze im Einzelnen vorgestellt würden, so dass ich ganz darauf verzichte.

Ein letzter Punkt: Es hieß in der Einleitung zur ersten Auflage, eine Einführung solle nicht als eigenständiger systematischer Ansatz betrachtet werden. Ich habe diesen Passus gestrichen, weil ich mittlerweile doch der Auffassung bin, dass bereits in die Darstellung einzelner Theoriemodelle eigene Bewertungen und Überlegungen eingeflossen sind, die das Material nicht nur neutral gliedern, sondern bestimmte Schlussfolgerungen nahelegen, die dann im letzten Kapitel ausbuchstabiert werden. Insofern verstehe ich das Buch jetzt als eine Einführung, der – mal mehr, mal weniger explizit – Beurteilungen und Wertungen zugrunde liegen, die Auskunft geben über Stärken und Schwächen einzelner Forschungsansätze. Der Wunsch, über eine noch immer ungebremst voranschreitende Diskussion zu informieren, bleibt aber bestehen.

Martin Hartmann, Frankfurt am Main, im Juli 2010

Einleitung

Im Jahr 1946 veröffentlicht der Psychologe Donald O. Hebb einen Artikel, in dem er von einem Experiment berichtet, das er und seine Kollegen an den Yerkes Laboratories of Primate Biology in Florida durchgeführt haben. Die Yerkes Laboratories hatten es sich zur Aufgabe gemacht, das Verhalten von Schimpansen zu beobachten, die zum Teil ihr gesamtes Leben in den Laboratorien verbrachten. Hebbs Experiment war seiner Struktur nach denkbar schlicht: Die Wissenschaftler, die das Verhalten der Schimpansen, insbesondere ihr Temperament, über lange Zeiträume hinweg tagebuchartig notierten, sollten zwei Jahre lang auf anthropomorphisierende Gefühlskategorien verzichten. Die Schimpansen durften nicht länger als »wütend«, »schüchtern« oder »eifersüchtig« beschrieben werden – Begriffe, auf die man vor der Durchführung des Experiments regelmäßig zurückgriff, um das Verhalten einzelner Schimpansen, aber auch Verhaltensunterschiede zwischen ihnen angemessen zu erfassen. Einzig ein »objektives« Vokabular wird mit Beginn des Experiments noch zugelassen, ein Vokabular also, das auf die Begriffe verzichtet, mit denen man den Schimpansen die für Gefühle relevanten psychologischen Fähigkeiten oder seelischen Eigenschaften zuspricht. Das Experiment scheitert:

»Das Ergebnis war eine fast endlose Serie von spezifischen Akten ohne ersichtliche Ordnung oder Bedeutung. Durch den Gebrauch von offensichtlich anthropomorphen Gefühls- und Einstellungskonzepten ließen sich andererseits schnell und leicht die Besonderheiten individueller Tiere beschreiben. Mit diesen Informationen konnte ein neues Mitglied im Mitarbeiterstab die Tiere gut in den Griff bekommen, was sonst nicht möglich gewesen wäre. Was immer die anthropomorphe Terminologie mit Blick auf bewusste Zustände des Schimpansen implizieren mag, sie bietet *einen verständlichen und praktischen Zugang zum Verhalten.*« (Hebb 1946, S. 88, Hervorhebung von Hebb)

Unabhängig von der Frage, ob Schimpansen wirklich eifersüchtig oder wütend sein können, scheint die Verwendung dieser Gefühlsbegriffe Menschen leichter in die Lage zu versetzen, Unterschiede im Verhalten der Schimpansen zu erklären und dieses Verhalten vorherzusagen. Hebb veranschaulicht diesen Punkt an zwei Schimpansen, Bimba und Pati, die auf den ersten Blick in bestimmten Situationen auf ähnliche Weise aggressiv reagieren. Hätte man unter Verzicht auf gefühlsartige Zuschreibungen nur ihr aggressives Verhalten betrachtet, wäre es nicht möglich gewesen, signifikante Unterschiede zwischen den Tieren zu markieren. Erst die Berücksichtigung ihres sonstigen Verhaltens offenbart erhebliche Divergenzen: Während Bimba in der Regel freundlich mit ihren Betreuern umgeht, häufig sogar Kontakt zu ihnen sucht, scheint Pati generell »misslaunischer« zu sein. Nur selten reagiert sie wirklich freundlich auf ihre Betreuer.

Diese Unterschiede im aggressionsfreien Verhalten führen Hebb und seine Kollegen dazu, Bimbas Aggressionen eher als »wütend« und Patis Aggressionen eher als »hasserfüllt« zu kategorisieren. Bimba reagiert vor allem auf scheinbar bedrohliche Gesten oder Bewegungen aggressiv, während Pati eine generelle Neigung zu aggressivem Verhalten hat. Ob ein Verhalten als wütend oder als hasserfüllt bezeichnet wird, zieht eine Reihe von praktischen Konsequenzen nach sich (Gordon 1987, S. 3). Einen Schimpansen, der zu wütenden Attacken neigt, sollte man nicht unnötig reizen; einen Schimpansen, der Menschen offensichtlich nicht mag, sollte man möglicherweise ganz meiden. Die Zuschreibung bestimmter Gefühle ermöglicht den Betreuern auf diese Weise, verlässlich mit den Schimpansen zu interagieren. Hinzu kommt, dass diese Zuschreibungsprozesse einzig auf der Basis einer guten Kenntnis der Schimpansen verlässlich sind. Auch wenn es gelegentlich möglich ist, unter Bezug auf einen einzelnen aggressiven Akt ein bestimmtes Gefühl zuzuschreiben, zeigt sich, dass die Verlässlichkeit einer Gefühlszuschreibung zunimmt, je besser man mit einem Tier vertraut ist.

Es mag nicht gleich ersichtlich sein, was Hebb mit diesem Experiment zeigen kann. Dass Gefühle – oder zumindest die Zuschreibung von Gefühlen – für die Erklärung des Verhaltens von höheren Organismen und von Menschen eine wesentliche Rolle spielen, scheint zu banal, um eigens hervorgehoben zu werden. Doch Hebbs Aufsatz erscheint in einer Zeit, in der die Psychologie zunehmend unter den Einfluss des Behaviorismus gerät. Für den Behaviorismus ist die Annahme wesentlich, dass die Daten, mit denen die Psychologie arbeitet, beobachtbare Verhaltensdaten sind. Gefühle sind dieser Annahme zufolge subjektive Phänomene, über die wenig wissenschaftlich Verlässliches gesagt werden kann. Um menschliches Verhalten zu erforschen, reicht es in der Perspektive des Behaviorismus aus, den Zusammenhang von bestimmten Stimuli oder Reizen mit den ihnen zugeordneten Reaktionen zu klären. Diese Klärung kann auf den »Umweg« über innere Zustände (Gefühle, Motivationen, Interpretationen) ganz verzichten. Einzig das beobachtbare Verhalten zählt. Gefühle werden damit vor allem methodisch abgewertet. Auf der Basis der uns verfügbaren Instrumente können wir, so eine Grundannahme des Behaviorismus, nichts Wesentliches über Gefühle herausfinden. Eine typische Stellungnahme aus den dreißiger Jahren des letzten Jahrhunderts lautet etwa so:

»Warum einen unnötigen Begriff wie Gefühl in die Wissenschaft einführen, wenn wir doch schon über wissenschaftliche Begriffe für alles verfügen, was wir beschreiben müssen? [...] Der ›Wille‹ ist schon fast vollständig aus der gegenwärtigen wissenschaftlichen Psychologie verschwunden; das ›Gefühl‹ wird ihm nachfolgen. 1950 werden amerikanische Psychologen diese beiden Begriffe amüsiert als Merkwürdigkeiten der Vergangenheit betrachten.« (Zit. nach Nussbaum 2001, S. 93)

Hebbs Aufsatz muss dagegen als Versuch gewertet werden, Gefühle wissenschaftlich aufzuwerten und sie methodisch zugänglich zu machen. Zwar dauert es noch lange, bis Gefühle wirklich psychologisch hoffähig sind, aber Hebbs Aufsatz kann als ein früher Versuch gelten, diesen Prozess in Gang zu setzen.

Aus ganz anderen Gründen erfährt das menschliche Gefühlsleben in der Philosophie eine Aufwertung, die ungefähr in der Mitte des letzten Jahrhunderts angesiedelt werden kann. Galten Gefühle vorher als irrationale oder arationale Kräfte, die die vernünftigen Absichten des Menschen durchkreuzen, oder aber als Phänomene, die sich körperlichen Empfindungen wie Schmerz oder Lust gleichsetzen lassen (Deigh 1994), so werden sie im Kontext neuerer philosophischer Ansätze »vernünftig« oder »rational«. Ronald de Sousas einflussreiches Buch etwa heißt schlicht *Die Rationalität des Gefühls* (1997). Damit können Gefühle plötzlich »Gründe« für bestimmte Entscheidungen liefern, können Handlungen »rechtfertigen«, können korrekt oder inkorrekt, angemessen oder unangemessen, wahr oder unwahr sein, Eigenschaften, die man traditionell eher menschlichen Überzeugungen oder Wünschen zukommen lässt.

Mit dieser »Rationalisierung« der Gefühle verabschiedet sich die Philosophie von den meisten antiken und neuzeitlichen Deutungen des menschlichen Gefühlslebens oder unterzieht sie im Lichte ihrer eigenen Erkenntnisse einer aufwertenden Neuinterpretation. Die Verabschiedung der Tradition erweist sich dabei für die meisten Autoren als der einfachere Weg. Hatte nicht schon Platon die Gefühle verunglimpft und damit die Tradition ihrer Vernachlässigung eröffnet? In seinem Timaios bezeichnet er sie als »mächtige und unabweisliche Leidenschaften«, die die Seele auf ihrer Suche nach Wahrheit und Unsterblichkeit ablenken und verwirren (69d). Im Phaidon gibt es auf der einen Seite den Leib mit seinen »Gelüsten und Begierden«, mit seiner »Furcht« und seinen »Kindereien« (66c2–4). Als Wesen, die Leiber haben, verlangen wir nach Nahrung, verspüren Schmerz und Lust und, für Platon besonders wichtig, sind sterblich. Auf der anderen Seite aber gibt es die Seele, die darauf aus ist, das Wahre oder »die Dinge selbst« zu schauen (66e1); die Seele ist dem »Göttlichen, Unsterblichen, Vernünftigen, Eingestaltigen, Unauflöslichen« ähnlich (80b1–2), sie beherrscht idealerweise den Leib und seine unberechenbaren Regungen. Ziel des Philosophen ist es, sich der »Lust und Begierde, der Unlust und Furcht« zu enthalten (83b7–8), um nach seinem Tod die Ankettung an den Leib zu überwinden und in Kontakt zum Göttlichen zu treten.

Gefühle werden in der antiken Philosophie durchaus erörtert, auch wenn es keinen Ausdruck im Altgriechischen gibt, der unserem Begriff »Gefühl« entspricht. Wo sie allerdings thematisch werden, nimmt ihre Darstellung häufig einen ethisierenden Charakter an; anders gesagt, in der Hierarchie der antiken Seele befinden sich die Gefühle in der Regel auf einem niederen Rang; selbst dort, wo sie nach einhelliger Meinung der Forschung rational aufgewertet werden, in der Stoa, bleiben sie letztlich das, was beherrscht oder sogar getilgt werden soll (Buddensiek 2008). Diogenes Laërtios gibt die Lehre Zenons wider, wonach der Affekt, *pathos*, eine »unvernünftige, unnatürliche Seelenbewegung oder ein exzessiver Trieb« sei (1998, S.336). Chrysippos nennt Affekte »Krankheiten der Seele«, die ausgerottet werden müssen: »Der Weise ist ohne Affekte.« (Zit. nach Hengelbrock 1971, Sp. 90)

Neben die ethisierende Darstellung der Gefühle in der Antike tritt in der Sicht neuerer Ansätze mit Descartes ihre Parallelisierung zu den körperlichen Phänomenen des Schmerzes und der Lust. In seinen *Leidenschaften der Seele* von 1649 bestimmt Descartes die »Leidenschaften« (frz. *passions*) als eine Wahrnehmung (frz. *perception*), die durch den Körper verursacht wird (1996, § 21). Allerdings beziehen wir diese Wahrnehmung auf die Seele, das heißt, wir siedeln ein Gefühl wie Freude in der Seele und nicht im Körper (wie im Falle von Schmerzen) oder in der Außenwelt (wie im Falle von Gegenständen sinnlicher Wahrnehmung) an (1996, § 25). Damit nehmen wir Leidenschaften als geistig-seelische Zustände wahr, die sich weder auf den Körper noch auf sonst irgendeinen Gegenstand außerhalb ihrer selbst beziehen lassen. Genau an diesem Punkt hat man die Parallele zu körperlichen Phänomenen wie Schmerz oder Lust gesehen. Viele Autoren der Gegenwart nämlich gehen davon aus, dass körperliche Empfindungen wie Schmerz oder Lust ohne Intentionalität auskommen. Intentionalität steht in der Philosophie für das Vermögen des Geistes, sich auf etwas zu richten. Gedanken, Überzeugungen oder Wünsche sind auf etwas gerichtet, sie beziehen sich etwa auf Gegenstände, Personen oder Sachverhalte. Als philosophischer Terminus hat Intentionalität wenig zu tun mit dem im Alltag vertrauteren Begriff der Intention (im Sinne von Absicht). Schmerz oder Lust werden zwar von uns empfunden oder verspürt, aber wir beziehen diese Empfindungen nicht auf Zustände in der Welt. Anders gesagt: Während sich unsere Überzeugungen und unsere Wahrnehmungen in der Regel auf etwas richten (ich bin überzeugt von, ich sehe etwas), sind Schmerzen bloße subjektive Zustände, die auf nichts weiter verweisen als auf sich selbst (wenn man überhaupt so über sie sprechen will). In ähnlicher Weise sind Gefühle gleichsam Empfindungen der Seele, die nicht intentional auf unabhängig von den Gefühlen existierende Gegenstände bezogen sind. Sie sind, mit Locke gesprochen, »innere Sensationen« (*internal sensations*) und sind damit, wenn man so will, rein subjektive Empfindungsdaten (Deigh 1994, S. 825).

Ob Descartes und seinen Nachfolgern mit dieser Deutung Gerechtigkeit widerfährt, ist umstritten (Perler 1996). Es geht an dieser Stelle nur um die mehr oder weniger konstruierte Vorgeschichte, die viele der neueren Gefühlstheorien explizit oder implizit ihren eigenen Bemühungen zugrunde legen. Ein genauerer Blick auf die Rolle, die Gefühle bei Platon, Aristoteles oder auch bei Descartes spielen, würde zeigen, dass diese Rolle ungleich komplexer ist, als man es gegenwärtig oft wahrhaben will (Landweer/Newmark 2009). In der Perspektive vieler Gegenwartsphilosophen jedenfalls tritt mit Descartes neben die ethische Abwertung der Gefühle eine Abwertung, die man normativ oder epistemisch nennen kann. Geht es der ethischen Abwertung darum, den motivationalen Einfluss der Gefühle auf menschliches Verhalten so gering wie möglich zu halten, so bezweifelt die normative Abwertung, dass Gefühle begründet oder unbegründet sein können. In dem Maße, wie Gefühle in den erwähnten Hinsichten körperlichen Empfindungen parallelisiert werden, bleiben sie arationale Phänomene, die als solche nicht normativ zugänglich sind. Schmerzen können schließlich nicht angemessen oder unangemessen, richtig oder falsch sein. Sie sind Sinnesdaten, an denen wir nicht zweifeln können, wenn sie uns erfassen.

Damit sind Varianten einer methodischen, einer ethischen und einer normativen Abwertung der Gefühle vorgestellt worden. Und doch gibt es eine scheinbare Ausnahme von diesen Abwertungstendenzen. Vor allem mit Blick auf die ethische Abwertung der Gefühle gibt es nämlich eine erste Wendung in der Philosophie des 17. und 18. Jahrhunderts. War der überlegene vernünftige Seelenteil in vielen antiken Theorien noch mit einer eigenständigen Motivationskraft ausgestattet, so wurde die Vernunft bei Autoren wie Hobbes oder Hume zu einem bloßen Instrument der Gefühle, Affekte oder Leidenschaften. Ihre wesentliche Aufgabe bestand nun darin, die Mittel zu suchen, die zur Befriedigung einzelner Gefühlsimpulse besonders gut geeignet waren. Hume hat diesen Sachverhalt in einer vielzitierten Wendung wie folgt beschrieben: »Wir drücken uns nicht genau und philosophisch aus, wenn wir von einem Kampf zwischen Affekt und Vernunft reden. Die Vernunft ist nur der Sklave der Affekte und soll es sein; sie darf niemals eine andere Funktion beanspruchen, als die, denselben zu dienen und zu gehorchen.« (Hume 1978, Band II, S. 153; Kambouchner 1996, S. 1083) In gewisser Weise lässt sich folglich schon mit Blick auf diese Deutung der Gefühle von einer Aufwertung ihrer Rolle im Gefüge des Mentalen sprechen. Sollte die Vernunft traditionell die Gefühle beherrschen und einschränken, so wird sie nun zu ihrem Diener.

Aus der Sicht der Gegenwartsphilosophie aber macht es keinen Unterschied, ob die Gefühle als der Vernunft ganz und gar äußerlich oder als ihre unausweichliche motivationale Basis gedeutet werden: In sich selbst bleiben sie in beiden Perspektiven ein Phänomen ohne eigene Rationalität. Was das heißt, formuliert wiederum Hume auf eindrückliche Weise: Ein Affekt »besitzt keine repräsentative Eigenschaft, durch die er als Abbild eines anderen Etwas [...] charakterisiert würde. Bin ich ärgerlich, so hat mich der Affekt (passion) tatsächlich ergriffen, und in dieser Gefühlserregung (emotion) liegt so wenig eine Beziehung zu einem anderen damit gemeinten oder dadurch repräsentierten Gegenstand, als wenn ich durstig oder krank oder über fünf Fuß groß wäre.« (Hume 1978, Band II, S. 153) Hume formuliert hier in den Worten seiner Zeit, dass Gefühle keine intentionale Dimension besitzen. Mögen sie unser Handeln auch in Form von Impulsen motivieren, sie sind nicht rational kritisierbar und damit rational zu durchdringen. Erst der moderne Kognitivismus, der im zweiten Kapitel darzustellen sein wird, hat seiner eigenen Einschätzung nach den Gefühlen die Rationalität zukommen lassen, die ihnen per se gebührt, und sie methodisch, ethisch und normativ aufgewertet.

Ein wesentlicher Strang dieser Einführung ist der Darstellung dessen gewidmet, was eben als Kognitivismus bezeichnet wurde. In der Philosophie der Gefühle beschreibt der Begriff eine Position, der zufolge Gefühle auf konstitutive Weise mit Urteilen, Wertungen oder Überzeugungen verbunden sind. Philosophisch relevant wurden Gefühle erst in dem Augenblick, in dem sie mit diesen kognitivistisch interpretierten Kategorien in Verbindung gebracht werden konnten. Man kann diesen Sachverhalt auch so ausdrücken: Ungefähr in der Mitte des letzten Jahrhunderts gelang es dem philosophischen Dompteur, die einst unberechenbaren »Leidenschaften« mit einigen gezielten Hieben seiner Peitsche in den Käfig der Vernunft zu treiben, wo diese Leidenschaften nun als »Gefühl« oder »Emotion« aus sicherer Distanz betrachtet und analysiert werden können. Die Gefühle sind, wenn man so will, domestiziert worden. Neben generellen Gefühlstheorien entstanden Abhandlungen, die sich mit speziellen Gefühlen beschäftigten. Insbesondere das Gefühl der Scham wurde in mehreren Publikationen ausführlich untersucht (Taylor 1985; Landweer 1999; Williams 2000). Schließlich nahm auch die Beschäftigung mit antiken und frühneuzeitlichen Gefühlsdeutungen in den letzten Jahren beträchtlich zu, wobei nicht selten der Versuch unternommen wurde, einzelne Deutungen gleichsam kognitivistisch zu »retten« (James 1997; Sorabji 2000; Newmark 2008).

Aber nicht nur in Psychologie und Philosophie wuchs das Interesse an einer intensiveren Beschäftigung mit Gefühlen. Das, was manche in Anlehnung an die Rede vom »linguistic turn« schnell als »emotionale Wende« bezeichneten, hat mittlerweile fast den gesamten Bereich der

Human-, Natur-und Sozialwissenschaften erfasst (Schützeichel 2006). In der Soziologie etwa untersucht man die Frage der sozialen Regulation des Gefühlsausdrucks; die Geschichtswissenschaft untersucht ein Feld, das als historische Emotionsforschung oder als »Emotionologie« bezeichnet wird (Stearns/Stearns 1985); am spektakulärsten aber ist wohl der Erfolg, den neurowissenschaftliche Gefühlstheorien für sich reklamieren können. Die Ansätze von Hirnforschern wie Antonio R. Damasio oder Gerhard Roth finden selbst in populären Medien großen Anklang (*Spiegel* Nr. 49, 1.12.2003; *Focus* Nr. 24, 7.06.2004). Daniel Golemans Buch über Emotionale Intelligenz (1995), das sich in weiten Teilen auf die Erkenntnisse der Hirnforschung stützt, verkaufte sich in mehreren Auflagen.

Diese Auflistung der Titel und Disziplinen ist längst nicht vollständig. Renommierte Universitätsverlage wie Cambridge University Press oder Oxford University Press haben eigene Reihen gegründet (*Studies in Emotion and Social Interaction, Series in Affective Science*), in denen mittlerweile zahlreiche psychologische und neurowissenschaftliche Studien zum Themenkomplex Gefühle veröffentlicht worden sind. Hinzu kommen mehrere Handbücher, die darum bemüht sind, die Fülle des mittlerweile vorhandenen Materials in orientierender Absicht zu bündeln (Lewis/Haviland-Jones/Feldman Barrett 2008; Dalgleish/Power 1999; Davidson/Scherer/Hill Goldsmith 2003; Sander/Scherer 2009; Goldie 2010). Leicht ließe sich diese Auflistung durch die Nennung von Zeitschriften erweitern, die sich schwerpunktartig mit Gefühlen befassen. Kurz, Gefühle haben längst die Nische des vernachlässigten Themas verlassen und sind zu einem zentralen Gegenstand zahlreicher wissenschaftlicher Disziplinen geworden.

Was sind aber nun im engeren Sinne die philosophischen Gründe für das gewachsene Interesse an Gefühlen? Ohne Anspruch auf Vollständigkeit seien einige dieser Gründe genannt:

1. Viele Autoren gehen davon aus, dass sich menschliches Verhalten oft nur durch Bezug auf Gefühle erklären lässt. Damit wird der übliche Rahmen von Erklärungen des menschlichen Verhaltens, der sich aus Wünschen und Überzeugungen zusammensetzt, um die Kategorie der Gefühle erweitert. Die Annahme ist dabei nicht, dass Gefühle als solche Handlungen nach sich ziehen, sondern nur, dass Gefühle Wünsche oder Überzeugungen hervorbringen können, die dann zur

Grundlage einer Handlung werden (Gordon 1987, S. 7; Wollheim 2001, S. 32).
2. In anderen Kontexten geht es weniger darum, Handlungen durch Gefühle zu erklären, als darum, Urteile oder Wertungen auf der Grundlage von Gefühlen zu erläutern. Gefühle lassen uns in dieser Perspektive erfahren, wie wertvoll eine Person oder ein Gegenstand für uns ist. Sie besitzen damit eine werterschließende Seite.
3. Mit dem Begriff des »rationalen Handelns« ist häufig ein Handeln gemeint, das unter optimaler Ausnutzung der zugänglichen Informationen darum bemüht ist, die Präferenzen des Handelnden zu befriedigen. Rationales Handeln zielt in diesem Sinne stets darauf, den Nutzen eines Handelns für den Akteur zu optimieren. Nun sind wir häufig aufgrund begrenzter Zeitressourcen und psychischer Beschränkungen nicht in der Lage, in einer gegebenen Situation alle für eine Entscheidung relevanten Informationen zu sichten und gewichten. Diese »Unzulänglichkeit« der Vernunft aber, so heißt es bei de Sousa, werde durch den Einsatz von Gefühlen kompensiert. Gefühle richten unsere Aufmerksamkeit aus, sie bestimmen, was wir wahrnehmen und was nicht, und teilen uns auf ihre Weise mit, welche Informationen wir nicht berücksichtigen müssen (de Sousa 1997, S. 319). Sie ergänzen damit unser begrenztes rationales Vermögen und unterstützen uns gleichsam in den Bereichen, in denen unsere Rationalität an ihre Grenzen gelangt.
4. Dass sich Gefühle nicht auf Wünsche oder Überzeugungen zurückführen lassen und insofern eine eigene analytische Kategorie bilden, zeigt sich an auffälligen Unterschieden zwischen Gefühlen und Überzeugungen oder Wünschen. (a) So fühlen sich Gefühle in der Regel so oder so an, sind angenehm oder unangenehm und verfügen somit über das, was manche Autoren ihre Phänomenologie nennen. Überzeugungen und Wünsche aber fühlen sich nicht so oder so an. Bei Wünschen mag dies ein wenig umstritten sein, denn es gibt Autoren, die annehmen, Wünschen heiße, etwas erstrebenswert zu finden, wobei diese evaluative Dimension von Wünschen sich affektiv manifestiert, so dass man von Wünschen als affektiven oder emotionalen Bewertungen sprechen kann (Helm 2009, S. 250). Wir wünschen das, was uns wichtig ist, und dass uns etwas wichtig ist, erschließt sich uns über die Gefühle, die wir einer Sache oder einem Sachverhalt entgegenbringen. Ich wünsche etwa, ins Theater zu ge-

hen, weil mir kulturelle Bildung wichtig ist; das wiederum erschließt sich mir auch durch die Freude, die ich empfinde, wenn ich an den Theaterbesuch denke. In diesem Sinne scheinen Wünsche den Gefühlen zugerechnet werden zu können, wir fühlen gleichsam, was wir wünschen, und in diesem Fühlen offenbart sich uns gleichzeitig, warum wir wünschen, was wir wünschen, so dass »affektive Wünsche« (vgl. Johnston 2001, S. 188) eine rationalisierende Dimension erhalten und nicht einfach nur undurchschaute psychische Gegebenheiten sind.

Dieser Versuch, Wünsche an Gefühle anzugleichen, macht sicherlich deutlich, warum es sinnvoll ist, beide Phänomene enger zu koppeln, als das häufig der Fall ist, aber er sollte doch nicht so verstanden werden, als gäbe es keine Wünsche ohne Gefühle oder ohne das, was man wunschbegleitende affektive Wertungen nennen könnte. Es ist nicht unmöglich, unabhängig von Gefühlen Dinge oder Sachverhalte für wertvoll zu halten und sie deswegen zu wünschen. Die Anwesenheit von Gefühlen mag den Wunsch intensiver machen, sie mag auch Auskunft darüber geben, wie wichtig mir das gewünschte Ziel wirklich ist oder einen stärkeren Drang erzeugen, die Erfüllung des Wunsches tatsächlich anzustreben, aber all das sollte nicht zu einer definitorischen Identifikation von Wünschen und Gefühlen führen. Selbst wenn wir sagen, dass wir das wünschen, was uns im Lichte bestimmter Gefühle als attraktiv oder gut erscheint, heißt das folglich nicht, dass Wünsche deswegen mit Gefühlen gleichzusetzen sind. Schließlich sind Gefühle häufig in ihrer wertenden Dimension nicht so klar, dass sich aus ihnen stets eindeutige Wunschstrukturen ergeben (Steinfath 2001, S. 189ff.). (b) Wenn wir genügend Anhaltspunkte für die Falschheit unserer Überzeugungen haben, geben wir sie unter normalen Umständen auf. Gefühle aber bleiben oft auch dann noch bestehen, wenn wir sie für unberechtigt oder unangemessen halten. (c) Eng mit (b) verwandt ist der folgende Punkt: Unsere Überzeugungen zielen auf Wahrheit und haben dementsprechend das, was man eine Geist-auf-Welt-Ausrichtung (*mind-to-world direction of fit*) nennt; sie zielen darauf, die Welt so gut abzubilden wie nur möglich; viele Autoren gehen dagegen davon aus, dass Gefühle nicht in gleicher Weise auf Wahrheit zielen (Green 1992, S. 68). Selbst wenn wir Gefühle für rational halten, wenn wir ihnen Angemessenheit oder Unangemessenheit zusprechen, lässt sich dieser Zug an ihnen nicht in gleicher Weise erläutern, wie wir das bei Überzeugungen tun können. (d) Gefühle und Wünsche unterscheiden sich nicht nur in ihrer Phänomenologie. Sie unterscheiden sich auch in dem Maße, in dem Wünsche als psychische Kraft verstanden werden, die darauf aus ist, die Welt in ihrem Interesse zu verändern; Wünsche haben eine Welt-auf-Geist-Ausrichtung (*world-to-mind direction of fit*). Nicht alle Gefühle aber zielen darauf, die Welt zu verändern (Goldie 2000, S. 78). Glücksgefühle etwa scheinen sich dem ersten Eindruck nach auf die Welt zu richten, so wie sie ist.

Die Punkte (a) bis (d) sollen nur deutlich machen, dass Gefühle nicht umstandslos mit Wünschen oder Überzeugungen verrechnet werden können und somit eine eigenständige Kategorie des Mentalen bilden. »Sie sind wirklich sui generis«, so Peter Goldie (2009, S. 237).

5. Gefühle sind auch im Rahmen moralphilosophischer Überlegungen wichtig geworden (Demmerling 2004). Dabei geht es in der Regel weniger um die Rolle von Gefühlen im Allgemeinen als um die Rolle einzelner Gefühle wie Mitleid, Empathie, Liebe, Scham oder Schuld. Manche Autoren thematisieren die Rolle von Gefühlen in expliziter Abwendung von Kants Prinzipienmoral. So wird etwa bezweifelt, dass bloße Prinzipien der Moral ohne Einfühlungsvermögen und Vorstellungskraft kontextsensibel anwendbar sind (Nussbaum 2001, S. 390). In anderen theoretischen Kontexten indizieren Gefühle wie Scham oder Empörung, dass eine Person zur moralischen Gemeinschaft gehört (Tugendhat 1993, S. 60).

Damit sind einige der Gründe für das wachsende philosophische Interesse an Gefühlen genannt worden. Dabei zeigt schon ein kurzer Blick auf die vorhandene Literatur, dass insbesondere die Frage nach einer angemessenen Definition der Gefühle die Energien der Philosophie in Anspruch genommen hat. Was sind Gefühle? Aus welchen Elementen setzen sie sich zusammen, wie wirken sie?

Aber auch eine andere, etwas überraschende Frage steht häufig im Mittelpunkt der Diskussionen: Gibt es überhaupt Gefühle? Wir gehen auf einer alltäglichen Ebene natürlich davon aus, dass es Gefühle gibt. Relativ unkontrovers ist dabei die Zuordnung von Phänomenen wie Scham, Schuld, Eifersucht, Wut, Hass, Neid, Stolz, Ekel, Ärger, Furcht, Trauer etc. zur Klasse der Gefühle. Die Zuordnung anderer Phänomene zu dieser Klasse ist umstrittener. Ist Neugier ein Gefühl? Manche Autoren halten Liebe eher für eine Konfiguration des Willens als für ein Gefühl (Frankfurt 2005). Wie steht es um Vertrauen? Oder Überraschung? Kurz, auf einer alltäglichen Ebene ordnen wir manche Phänomene mehr oder weniger unkontrovers der Klasse der Gefühle zu, andere Phänomene lassen sich dagegen nicht so leicht dieser Klasse zuordnen. Die Frage »Gibt es überhaupt Gefühle?« will nun nicht an der Existenz einer von uns als unkontrovers betrachteten Klasse von Gefühlsphänomenen zweifeln. Sie will nur wissen, ob alle diese Phänomene und vielleicht auch die anderen, die wir gelegentlich als »Gefühle« bezeichnen, über gemeinsame Eigenschaften verfügen, so dass die einheitliche Zuordnung dieser Phänomene zur Klasse der Gefühle berechtigt ist. Aus einer wissenschaftlichen oder theoretischen Perspektive will man mit dieser Frage mithin in Erfahrung bringen, ob unsere alltäglichen Klassifizierungen angemessen sind. Philosophisch formuliert lautet die Frage: Bilden Gefühle eine natürliche Art (*natural kind*)? Der Begriff der natürlichen Art wird keinesfalls einheitlich verwendet, aber er bezeichnet in der Regel Objekte, die in theoretisch relevanten Hinsichten Eigenschaften gemeinsam haben. Eichen oder Wale bilden in diesem Sinne eine natürliche Art. In anderen Versionen bezeichnet man mit dem Begriff der natürlichen Art eine Kategorie, die so gefasst ist, dass es möglich ist, von einzelnen Elementen dieser Kategorie in verlässlicher Weise auf die ganze Kategorie zu schließen (Griffiths 2004, S. 235).

Mit Blick auf Gefühle lautet die Frage also: Ist es sinnvoll, Phänomene wie Stolz, Scham, Wut, Neid, Hass, Ekel, Empörung oder Ressentiment einer Art oder Klasse zuzuordnen, die man dann als »Gefühle« bezeichnet? Haben diese Phänomene Gemeinsamkeiten, oder kann man von Eigenschaften der Wut auf die Eigenschaften all der anderen Phänomene schließen? Was geschieht, wenn wir zu dieser Liste noch die so genannten »Stimmungen« hinzufügen? Man denke an Nostalgie oder an Melancholie. Sind Stimmungen Gefühle? Ist Trauer ein Gefühl oder eine Stimmung (Rorty 2004, S. 269f.)? Die Schwierigkeit an dieser Stelle hat etwas damit zu tun, dass sich etwa Empörung oder Wut in irgendeiner Hinsicht unterscheiden müssen, da wir sonst mit einem einzigen Begriff auskämen, um das gemeinte Phänomen zu bezeichnen. Was aber verbindet Empörung und Wut? Manche Autoren würden an dieser Stelle sagen, es handle sich um Gefühle, die ihren Gegenstand in bestimmten Hinsichten bewerten. Zwar falle die Bewertung unterschiedlich aus, aber die Tatsache, dass bewertet wird, eine alle Gefühle. Nun gibt es aber auch Wertungen, die ohne Gefühl auskommen. Wenn das so ist, müssen wir angeben, wodurch sich gefühlvolle Wertungen von gefühllosen Wertungen unterscheiden. Andere Autoren würden sagen, dass Wut und Empörung auf einem Erwartungsbruch beruhen. Ich reagiere empört oder wütend darauf, dass mir jemand nicht gibt, was mir nach meiner Überzeugung zusteht. Wut und Empörung haben dementsprechend einen gemeinsamen Inhalt oder ein gemeinsames Objekt, nämlich den Bruch legitimer Erwartungen (Wallace 1994, S. 12). Wie aber lässt sich dann der Unterschied zwischen Wut und Empörung beschreiben, den wir sprachlich offensichtlich ja machen? Andere Autoren wiederum würden sagen, dass uns Gefühle anders als Überzeugungen oder Wünsche auf eine besondere Weise mitreißen, bewegen oder involvieren. Trauer betrifft uns als ganze Person, sie beeinflusst unser Handeln und Denken auf spürbare Weise. Aber gilt das von allen Gefühlen? Könnte es nicht so etwas wie »ruhige« oder sogar unbewusste Gefühle geben? Und wer sagt, dass mich ein Wunsch nicht ganz und gar gefangen nehmen oder mitreißen kann? Selbst wenn es stimmt, dass uns Gefühle auf eine besondere Weise involvieren, bleibt unklar, ob sie hier einen Ausschließlichkeitsanspruch für sich reklamieren können.

Unschwer zu erkennen ist, dass es sich an diesem Punkt anbietet, Gefühle aus verschiedenen Elementen zusammenzusetzen. Wie sich zeigen wird, sind dabei im Laufe der Zeit fünf Elemente wichtig geworden: (1) ein kognitives Element (Überzeugungen, Urteile, Bewertungen); (2) das Element des Körpers; (3) ein phänomenales Element (wie es ist, ein Gefühl zu haben); (4) ein voluntatives Element (Wünsche) und (5) das Element der Wahrnehmung, dessen Status im Vergleich zu den anderen Elementen allerdings etwas undeutlich ist. Damit ist nicht gesagt, dass man sich darauf geeinigt hätte, alle Gefühle seien aus diesen fünf Elementen zusammengesetzt; im Gegenteil, fast alle der hier zu behandelnden Autoren neigen dazu, einzelne dieser Elemente in ihren Definitionen hervorzuheben. Genau dieser Sachverhalt führt zu den zahlreichen Definitionsspielen, die im Laufe dieser Einführung noch darzustellen sein werden. Der eine Autor sagt: »Gefühle sind x«. Der andere erwidert darauf: »Wenn du sagst, Gefühle sind x, was ist dann mit dem Phänomen y? Bezeichnen wir das nicht auch als Gefühl?« Ein dritter Autor schließlich weist auf Phänomen z hin, das ebenfalls als Kandidat für Gefühle in Frage kommt.

Dieses Hin und Her der definitorischen Bemühungen führt zu folgender Frage: Wenn es so schwierig ist, mit Blick auf Gefühle tatsächlich eine Art von Phänomenen ausfindig zu machen, die auffällige Gemeinsamkeiten aufweist, sollte man dann nicht einfach darauf verzichten, in Zusammenhang mit Gefühlen von einer natürlichen Art zu sprechen (Rorty 1980)? Man könnte ja versuchen, ein begrenztes Repertoire der bisherigen »Gefühle« weiterhin als Gefühl zu bezeichnen, und für den Rest andere Begriff entwickeln. Paul Griffiths etwa glaubt, »Affektprogramme« von »höheren kognitiven Gefühlen« und von »Gefühlen geleugneten Handelns« (*disclaimed action emotions*) unterscheiden zu können (Griffiths 1997). Mit diesem Vorschlag soll letztlich die allgemeine Kategorie »Gefühl« eliminiert werden. Unabhängig von der Plausibilität dieses konkreten Vorschlags ist allerdings auffällig, dass sich Autoren, die solche Eingriffe in unsere Alltagssprache vorschlagen, häufig weiter der Gefühlskategorie bedienen. So schreibt Griffiths: »Die allgemeine Kategorie des Gefühls fasst drei unterschiedliche Arten psychologischer Zustände unter sich zusammen.« (Griffiths 1997, S. 245) Wofür steht hier aber »die allgemeine Kategorie des Gefühls«, wenn doch gerade erläutert werden soll, dass diese Kategorie als solche nicht zu retten ist? (Zur Kritik an Griffiths siehe Roberts 2009)

Was sich an dieser Stelle zeigt, ist nicht, dass das Unterfangen sinnlos ist, nach Unterschieden zwischen Gefühlstypen zu suchen. Sinnlos aber scheint vorerst der Versuch, diese Unterschiede unter Verzicht auf die allgemeine Kategorie des Gefühls explizieren zu wollen. Der Versuch, die allgemeine Gefühlskategorie zu eliminieren, könnte sich als schwierig erweisen, weil unklar ist, ob die alternative Begrifflichkeit, wenn sie ohne den Gefühlsbegriff auskommt, noch das gleiche Phänomen im Blick hat wie diejenige, die am Gefühlsbegriff festhält. Diese Schwierigkeit mag wiederum etwas mit der Tatsache zu tun haben, dass wir in unseren alltäglichen Praktiken der Kategorie des Gefühls über alle Unterschiede einzelner Verwendungen hinweg einen mehr oder weniger gemeinsamen Bedeutungskern zuschreiben. Selbst wenn das Affektprogramm »Furcht« nachweislich viele Unterschiede zu anderen Gefühlstypen aufweise, müsste erst noch gezeigt werden, dass es überhaupt keine Gemeinsamkeiten zwischen Furcht und anderen Gefühlen gibt. Diese Gemeinsamkeit muss in gewisser Weise offen genug formulierbar sein, um eine breite Varianz der Verwendung des Gefühlsbegriffs in sich aufnehmen zu können. Aber wenn es gelingt, sie zu finden, spricht zunächst nichts dafür, die Gefühlskategorie als allgemeine Kategorie aus unserer Alltagssprache zu tilgen. Worin diese Gemeinsamkeit bestehen könnte, soll im fünften Kapitel dieser Einführung ansatzweise erläutert werden.

Ein weiteres Problem der Gefühlsforschung ist die Frage nach der Methode. Wie erforschen wir Gefühle? Durch reine Begriffsanalysen? Wählt man diesen Weg, könnte man etwa sagen, dass wir nur auf das neidisch sein können, was einer anderen Person gehört. Oder dass Stolz die Annahme impliziert, eine bestimmte Leistung sei uns selbst zuzurechnen. Wir können also, folgt man diesem analytischen Verfahren, nicht auf das neidisch sein, was uns selbst gehört; ebenso wenig wäre es plausibel, auf eine Leistung stolz zu sein, mit der wir gar nichts zu tun haben. Man hat diese Methode als »defining-propositions methodology« bezeichnet, da sie sich darum bemüht, einzelne Propositionen auszubuchstabieren, die mit bestimmten Gefühlen logisch verbunden sind (D'Arms/Jacobson 2003, S. 133). Propositionen sind Inhalte von Äußerungen oder Überzeugungen oder das, was durch einen Satz ausgedrückt wird. Da man ein- und dieselbe Proposition in unterschiedlichen Sätzen ausdrücken kann, handelt es sich bei Propositionen um abstrakte Einheiten, was nicht heißt, dass sie vollständig sprachunabhängig sein können. Die an Propositionen orientierte Methode lässt sich am Schreibtisch verfolgen, weil wir einfach nur kompetente Sprecher einer natürlichen Sprache sein müssen, um herauszufinden, welche Propositionen mit welchen Gefühlswörtern verbunden sind. Die Schwächen dieser Methode werden im Kapitel über den Kognitivismus noch oft zur Sprache kommen und sollen deswegen hier nicht vorweggenommen werden.

Ein anderer methodischer Ansatz lehnt begriffliche Analysen einzelner Gefühle ab und empfiehlt eine Konzentration auf die Ergebnisse der empirischen Wissenschaft. Kategorisch heißt es bei Griffiths: »Wenn Philosophen etwas über Gefühle erfahren wollen und nicht nur etwas über das, was man gerade über Gefühle denkt, dann muss die Analyse Hand in Hand mit den relevanten empirischen Wissenschaften voranschreiten.« (Griffiths 1997, S. 7) Griffiths denkt in diesem Zusammenhang keineswegs nur an naturwissenschaftliche Analysen des Gefühlsphänomens. Wenn wir beispielsweise verstehen wollen, warum der Begriff Neid heute in Nuancen anders verwendet wird als vor hundert Jahren, dann müssen wir den sozialen und politischen Kontext berücksichtigen, in den die Verwendung einzelner Begriffe eingebettet ist. Insofern sind in diesem Zusammenhang durchaus soziologische, historische oder politikwissenschaftliche Analysen angemessen. Mit Blick auf andere Gefühle aber sind für Griffiths eher naturwissenschaftlich-experimentelle Methoden nötig. Ausgiebig zitiert er die reichhaltige psychologische Literatur zur Gefühlsthematik und verweist auch auf Erkenntnisse der Neurophysiologie.

Im weiteren Verlauf dieser Einführung wird noch deutlich werden, dass mit diesen beiden methodischen Ansätzen noch nicht alle methodischen Ansätze der Gefühlsforschung abgedeckt sind. Darüber hinaus dürfte klar sein, dass der gewählte methodische Ansatz oft etwas mit der jeweiligen Definition der Gefühle zu tun hat. Diese wiederum hängt in entscheidendem Maße an der gewählten oder akzeptierten Methode. Hier soll nur hervorgehoben werden, wie wichtig es ist, bei der Analyse des Gefühlsphänomens immer auch auf die gewählte Methode zu achten. Wie die dabei zu Tage tretenden Methoden genau zusammenhängen und wie sie sich miteinander vereinbaren lassen, ist dann eine weitere wichtige Frage, die allerdings in der vorhandenen Literatur nur selten diskutiert wird.

Affekt, Gefühl, Emotion, Empfindung: Begriffsklärung

Der Gegenstand dieser Einführung ist bisher zumeist mit dem Wort »Gefühle« wiedergegeben worden. Andererseits war in der Einleitung auch von »Affekten«, »Leidenschaften« oder »Empfindungen« die Rede. Schließlich gibt es im Deutschen auch noch den Begriff »Emotionen«. Diese Fülle an Begriffen erzwingt eine kurze Klärung der Frage, welcher dieser Begriffe zur Beschreibung der untersuchten Phänomene am besten herangezogen werden soll. Insbesondere die semantische Nähe von »Gefühl«, »Emotion« und »Affekt« stiftet leicht Verwirrung.

Unterschiedliche semantische Nuancen werden aber deutlicher, wenn man die adjektivischen Formen der jeweiligen Substantive berücksichtigt (sofern es sie gibt). »Leidenschaftlich« ist eine Person, die einer Sache oder Person besonders intensiv hingegeben ist. Darüber hinaus integriert das Wort noch eine Reihe weiterer semantischer Nuancen in sich. So kann eine Leidenschaft aufgrund ihrer Intensität schmerzlich sein und wird häufig als ein psychisches Aufgewühltsein gedeutet, gegen das man sich kaum zur Wehr setzen kann. Nennt man eine Person »emotional«, zielt man in der Regel auf eine Disposition leichter Erregbarkeit; wer »emotional« reagiert, ist nicht in der Lage oder nicht bereit, sein Handeln ausschließlich rational auszurichten. »Gefühl« besitzt kein direktes Adjektiv. »Gefühlvoll« nennen wir eine Person, die mit großer Sensibilität Lagen und Personen einschätzen kann oder auf gekonnte Weise mit einem Gegenstand umzugehen versteht (»eine gefühlvolle Flanke«). Wer gefühlvoll ist, spürt intuitiv, was angemessen ist und was nicht. »Affektiv« ist im täglichen Gebrauch eher seltener, folgt man dem Duden, heißt es soviel wie »im Zustand äußerster seelischer Angespanntheit«. Allerdings kennen wir Handlungen »aus Affekt« und meinen damit Handlungen, die sich der Kontrolle eines Akteurs entziehen. In der semantischen Nachbarschaft von »Empfindung« befinden sich »empfindlich« und »empfindsam«, aber diese adjektivischen Formen treffen nicht das, was die Philosophie normalerweise meint, wenn sie von »Empfindung« spricht, da der Begriff gegenwärtig eher in erkenntnistheoretischen Kontexten auftaucht. Wir empfinden Schmerz oder Freude.

Nicht immer also bieten die adjektivischen Formen der jeweiligen Substantive die Klarheiten, die man sich erhoffen könnte. Als Ausweg bietet sich der Weg der Begriffsgeschichte an. Dieser Weg zeigt etwa, dass das im Deutschen erstmals 1526 belegte »Affect« ursprünglich die lateinischen Begriffe »passio« und »affectus« übersetzt, die wiederum das Altgriechische »pathos« übersetzen. Der Begriff »Leidenschaft« wiederum ist 1647 erstmals im Deutschen belegt und wird zunächst weitgehend synonym zu »Affect« gebraucht. »Pathos« zählt zu den besonders komplexen Begriffen der griechischen Philosophie und lässt sich kaum mit einem Wort angemessen erfassen. In der Regel sind damit aber alle »nicht-rationalen und darum oft als passiv verstandenen seelischen Phänomene gemeint« (Lanz 1971, Sp. 94). In diesem Sinne können »pathos«, »passio«, »affectus« sowie »Affect« und »Leidenschaft« also sehr allgemein verwendet werden. Das kommt etwa bei Descartes zur Geltung, der die »Leidenschaften« der Seele als »Wahrnehmungen oder Empfindungen oder Emotionen« bestimmt (1996, § 27). Was diese Unterarten der Leidenschaft gemeinsam haben, ist ihre Passivität. Wahrnehmungen (frz. *perceptions*), Empfindungen (frz. *sentiments*) und Emotionen (frz. *emotions*) entspringen in diesem Sinne nicht der Seele, sie wirken vielmehr wie äußere Kräfte auf sie ein.

Später verliert der Begriff der Leidenschaft oder des Affekts seine umfassende Bedeutung. Es ist schon darauf verwiesen worden, dass die Leidenschaften in der Philosophie des 17. und 18. Jahrhunderts langsam eine aktive Rolle übernehmen und zu den wesentlichen Antriebskräften des menschlichen Handelns werden. Auch kommt es insbesondere in der Philosophie der schottischen Aufklärung zu einer deutlichen Aufwertung der Empfindung (engl. *sentiment*), die bei Descartes noch als nervlich verursachte Wahrnehmung gefasst wird. Empfindungen gewinnen einen wertenden Charakter, sie fließen in den »Geschmack« ein und formen damit gleichsam selbständige Urteile der Sinnlichkeit (Hübsch 1999, S. 140). In gewisser Weise liegt in diesem wertenden Charakter der Empfindungen der Keim für die gegenwärtige Aufwertung des Gefühlsbegriffs verborgen. Steht der Begriff des »Gefühls«, der erst Ende des 17. Jahrhunderts in den Wörterbüchern auftaucht, zunächst noch für das subjektive Empfindungsvermögen, das alle Empfindungen begleitet, bezeichnet er später eine eigenständige Weise des wertenden Weltzugangs. Die Empfindungen werden langsam zum Bestandteil der Gefühle, deren Urteile nicht in gleichem Maße an die Sinnlichkeit gebunden sind, wie das bei den Urteilen der Sinnlichkeit der Fall ist. Begriffsgeschichtlich lässt sich folglich eine Bewegung vom »Affekt« oder der »Leidenschaft« über die »Empfindung« zum »Gefühl« rekonstruieren, wobei diese Begriffe ihre genaue Bedeutung nur im umfassenden Kontext ihres jeweiligen Auftretens erhalten und stets im Zusammenspiel mit anderen Begrifflichkeiten gesehen werden sollten.

Diese zu knappen begriffsgeschichtlichen Hinweise können immerhin zeigen, dass sich Begriffe wie »Affekt« oder »Leidenschaft« im philosophischen Sinne gewissermaßen überholt haben. Sie sind zu speziellen Gefühlsvarianten geworden und haben damit ihren umfassenden definitorischen Status eingebüßt. Wenn wir »im Affekt handeln«, haben wir die Kontrolle verloren und gelten gegebenenfalls als unzurechnungsfähig. Der Begriff wird dementsprechend häufig in Kontexten verwendet, in denen Gefühlsphänomene von kurzer Dauer und körperlich spürbar sind, in denen sie technisch messbare Züge besitzen, unterhalb einer bestimmen Bewusstseinsschwelle liegen und zu Handlungen motivieren (Griffiths 1997, S. 100; DeLancey 2002, S. 7). In diesem Sinne wird der Affektbegriff vor allem in psychologischen und neurophysiologischen

Zusammenhängen verwendet und dient gelegentlich sogar als Gegenbegriff zu philosophischen Versionen des Gefühlsbegriffs. Darüber hinaus findet sich der Begriff des Affekts aus den genannten Gründen in den Übersetzungen klassischer Texte zur Philosophie des Gefühls (Aristoteles, Hume, Spinoza). Reden wir andererseits von »Leidenschaft« oder von einer »leidenschaftlichen Person«, haben wir ein besonders intensives Gefühl vor Augen, aber nicht mehr den allgemeinen Gattungsnamen für alle Phänomene des Gefühlslebens.

So bleiben die Begriffe »Gefühl«, »Emotion« und »Empfindung« übrig. Hier kann man gleich anmerken, dass sich zwischen »Gefühl« und »Emotion« in der Alltagssprache kein nennenswerter Unterschied ausmachen lässt. Die Begriffe werden im Deutschen in ihrer substantivischen Form synonym verwendet. Wie steht es aber mit »Gefühl« und »Empfindung«?

Diese Begriffe sollen hier tatsächlich unterschieden werden, und zwar in Anlehnung an die Unterscheidung von »emotion« und »feeling« im Englischen, die sich in fast allen einschlägigen englischsprachigen Texten zur Gefühlsthematik findet. Empfindungen (*feelings*) sind in diesem Sinne das, was wir im Falle von Schmerzen, aber auch im Falle von Gefühlen spüren oder bemerken. Schmerzen und Gefühle fühlen sich dieser Verwendung nach so oder so an, sie sind angenehm oder unangenehm, heftig oder ruhig etc. Empfindungen können in diesem Sinne intensiv oder weniger intensiv sein. Manche Autoren wollen sie außerdem an körperliche Prozesse anbinden, aber da es sich im Englischen anbietet, für dieses körperliche Empfinden den Begriff der »sensation« zu verwenden, dessen Bedeutungshorizont relativ klar ist, scheint es plausibler, Empfindungen mit Alston als eine »Bewußtseinsqualität« zu bestimmen, »die genauso unmittelbar und unanalysierbar ist wie eine Sinnesqualität (*sensory quality*), sich jedoch von allen Sinnesqualitäten unterscheidet« (Alston 1981, S. 23). Empfindungen beschreiben dementsprechend das, was oben als Phänomenologie der Gefühle bezeichnet wurde.

Gefühle (*emotions*) haben in den Augen der meisten Autoren eine Empfindungsseite, sind aber als Gefühle umfassender als Empfindungen. Ihnen kommen, mit anderen Worten, noch weitere Eigenschaften zu, die über ihre Empfindungsqualitäten hinausgehen. Mit Gefühlen sollen hier folglich die psychischen Zustände oder Dispositionen gemeint sein, die wir in der Alltagssprache mehr oder weniger unkontrovers als Gefühle bezeichnen. Zu denken wäre also an Zustände oder Dispositionen wie Scham, Schuld, Hass, Wut, Neid, Ekel, Furcht, Eifersucht, Empathie oder Mitleid. Es ist schon erwähnt worden, dass es auch in der Alltagssprache Phänomene gibt, von denen nicht ganz klar ist, ob sie als Gefühle klassifiziert werden sollten, aber auch »Stimmungen« wie Melancholie, Traurigkeit oder Nostalgie werden häufig als Gefühl bezeichnet, und dem schließt sich die vorliegende Studie an. Der Gefühlsbegriff wird hier also relativ offen verwendet.

Nicht ausgeschlossen ist aber, dass sich philosophische Reflexionen an manchen Stellen gezwungen sehen, ihre Begrifflichkeit genauer zuzuspitzen, da sich nur so spezifische Bedeutungen und Verwendungen kenntlich machen lassen. Wenn wir im Alltag eine Stimmung wie Nostalgie als Gefühl bezeichnen, tun wir das möglicherweise, weil wir, ob bewusst oder unbewusst, noch genügend Überschneidungen zwischen diesem Gefühl und anderen Gefühlen unterstellen. In philosophischen Zusammenhängen aber kann es sinnvoll sein, »Stimmungen« schärfer von »Gefühlen« zu trennen. Wer daraus folgert, die Alltagssprache müsse korrigiert werden, offenbart häufig nur ein eingeschränktes Verständnis der Alltagssprache. Mehr noch, das, wofür der Terminus »Alltagssprache« steht, ist selbst in der Regel ein philosophisches Konstrukt. Griffiths etwa meint, die Kategorie des Gefühls diene in der Alltagssprache dazu, psychologische Zustände anzuzeigen, die ein Verhalten hervorbringen, das nicht an langfristigen Zielen orientiert ist (Griffiths 1997, S. 243). Der Begriff des Gefühls würde in diesem Sinne kurzfristige Zustände passiver Erregtheit umfassen. Aber erfasst diese Auslegung wirklich all das, was wir alltäglich als »Gefühl« bezeichnen? Können wir nicht manche Leute als »gehässig« oder »hasserfüllt« bezeichnen und damit eine langfristige, das ganze Verhalten prägende Einstellung oder Disposition meinen?

Diese Überlegungen sollen nur darauf hinweisen, wie komplex das Verhältnis von philosophischer Sprache und Alltagssprache de facto ist. Im Folgenden wird der Gefühlsbegriff zunächst eher unspezifisch und breit verwendet, dann aber in den jeweils diskutierten theoretischen Kontexten auf die eine oder andere Weise mit speziellen Bedeutungen angereichert. Letztlich ist jede Gefühlstheorie eingelassen in einen größeren philosophischen Kontext, der eine ganze Theorie des Geistes oder der Handlung umfasst. Darüber hinaus müsste eine ausführlichere Studie auch zeigen, in welcher Weise philosophische Aufmerksamkeiten selbst sozialen und kulturellen Einflüssen unterliegen (Rorty 2004, S. 276). Warum zum Beispiel hat sich Scham als zentrales Gefühl vieler gegenwärtiger Ansätze herauskristallisiert? Warum hat sich Hume ausführlich mit Stolz beschäftigt, Smith dagegen mit Sympathie? Diese Fragen lassen sich nicht ohne historisch-soziologisches Wissen beantworten, das damit auch zum Begriff des »Kontextes« gehört.

Eine letzte terminologische Bemerkung muss an dieser Stelle erfolgen. Es war eben von »Zuständen« oder »Dispositionen« der Scham, der Schuld oder anderer Gefühle die Rede. Diese unverdächtige Rede von »Zuständen« oder »Dispositionen« birgt tatsächlich eine Menge an theoretischem Zündstoff, da manche Autoren in ihren Gefühlsdefinitionen ausschließlich von Zuständen reden wollen. »Eine Emotion«, so heißt es etwa bei Sabine Döring und Christopher Peacocke, »ist ein aktualer bewußter Zustand mit einem bestimmten Affekt und einer bestimmten Art von intentionalem [...] Inhalt« (Döring/Peacocke 2002, S. 92). Die Bestimmungen »aktual«, »bewußt« und »Zustand« schließen sowohl unbewusste als auch dispositionale Gefühle aus. Unter Dispositionen verstehen wir eine mehr oder weniger festsitzende Bereitschaft oder Neigung zu bestimmten Formen des Handelns, Urteilens oder Empfindens. Ein jähzorniger Mensch ist nicht in jedem Augenblick jähzornig. Er neigt aber immer wieder zu Jähzorn, sein Charakter ist gewissermaßen jähzornig. Die meisten unserer Gefühlswörter beschreiben sowohl Dispositionen als auch aktuelle Zustände. »Ich hasse dich« kann einen aktuellen Zustand beschreiben, aber auch eine festsitzende Disposition, die nicht in jedem Augenblick zum Ausbruch kommen muss. Die hier vorgeschlagene offene Fassung des Gefühlsbegriffs umfasst Gefühle als Zustand und als Disposition und will nicht vorentscheiden, ob nur das eine oder das andere wirklich als Gefühl zu bezeichnen ist.

Autoren aber, die Gefühle mit Zuständen in Verbindung bringen, haben natürlich ihre Gründe. Sie bestreiten beispielsweise, dass Dispositionen eine Empfindungsseite haben. Wenn aber ein bestimmter Affekt zum Gefühl gehört, und das ist Dörings und Peacockes Annahme, dann können Dispositionen keine Gefühle sein. Ich spüre meinen Jähzorn nur, wenn er aktuell ausbricht, nicht aber, wenn er latent bleibt. Gleiches gilt für die Wendung von »unbewussten Gefühlen«. Schon Freud hielt diese Wendung für rechtfertigungsbedürftig, da es dem Anschein nach »zum Wesen eines Gefühls gehört [...], daß es verspürt, also dem Bewußtsein bekannt wird« (Freud 1975, S. 136). Gleichwohl sprechen wir, wie Freud weiter bemerkt, durchaus von »unbewusster Liebe«, von »unbewusstem Hass« oder von »unbewusster Wut«. Haben wir es hier einfach nur mit einer Nachlässigkeit der Sprache zu tun?

Davon geht Freud nicht aus. Vielmehr hält er es für möglich, dass Gefühle oder Affekte durch Verdrängungsmechanismen daran gehindert werden, sich zu entwickeln oder zu entfalten. Man kann hier etwa von einer Person ausgehen, die sich auf undeutliche Weise ihrer eigenen sozialen Herkunft schämt, diese Scham aber systematisch verdrängt. Dass die Scham daran gehindert wird, sich zu entwickeln, heißt dann, dass sie sich nicht in bewussten Zuständen manifestiert. Freud selbst spricht in diesem Zusammenhang von einer »Ansatzmöglichkeit, die nicht zur Entfaltung kommen durfte« (Freud 1975, S. 137). Unbewusste Gefühle sind in diesem Sinne Potenzialitäten, die sich nicht in dem für sie eigentümlichen Sinne entfalten oder entwickeln können (Deigh 2001, S. 1251). Wie verdrängte Vorstellungen aber machen sie sich auf die eine oder andere Weise bemerkbar und hinterlassen in unseren Denkprozessen und Verhaltensweisen ihre Spuren. Ohne es zu merken, beschönige ich meine soziale Herkunft oder weiche Gesprächen aus, in denen meine Herkunft zur Sprache kommen könnte. Unbewusste Gefühle können folglich unser bewusstes Verhalten und Denken »stark verhüllt« prägen und beeinflussen (Wollheim 2001, S. 23).

So gesehen, haben unbewusste Gefühle oder Dispositionen tatsächlich keine affektive Seite im Sinne von Döring und Peacocke. Erlauben wir aber die Rede von unbewussten Gefühlen, dann können wir einer Person auch dann ein Gefühl zusprechen, wenn sie dieses Gefühl nicht empfindet. Wir können einer Person auch dann Scham zusprechen, wenn sie sich nicht bewusst schämt oder kein aktuelles Schamempfinden hat. Mehr noch, wir können sagen, dass manche unserer bewussten Empfindungen oder Gedanken unbewusste Gefühle manifestieren (Deigh 2001, S. 1252). Empfinde ich Scham, dann spüre ich das Gefühl der Scham, das sich in der Empfindung manifestiert. Das Empfinden ist dieser Sicht nach ein Effekt des Gefühls, der als solcher nicht jedes Gefühl begleiten muss.

Darüber hinaus kann der Bezug auf unbewusste Gefühle im gleichen Sinne einige unserer Verhaltensweisen erklären wie die Kategorie der Gefühle im Allgemeinen. Wir können ein Verhalten erklären, indem wir uns auf Gefühle beziehen, von denen wir meinen, sie seien dem Akteur unbewusst. Mit anderen Worten, es will nicht einleuchten, dass die

Empfindungsseite der Gefühle in jedem Fall einen eigenständigen explanatorischen Beitrag zum Verständnis des Gefühlsphänomens leistet. Im Gegenteil, Hebbs Experiment mit den Schimpansen etwa geht davon aus, dass erst die Zuschreibung bestimmter dispositionaler Eigenschaften (Wut, Hass) Verhaltensformen erklären und vorhersagen kann. Aktuelle Gefühlsäußerungen lassen sich häufig gar nicht gut klassifizieren, wenn keine Vertrautheit mit einem Tier oder einer Person vorhanden ist.

Die Kategorie der Empfindungsintensität definiert Gefühle folglich nicht hinreichend. Das lässt sich etwa am Phänomen der Liebe veranschaulichen. Anhaltende Liebe kann als eine Disposition verstanden werden, den Partner auf konsistente Weise in einem bestimmten Licht zu sehen. In bestimmten Augenblicken spürt man diese Liebe besonders stark, in anderen Augenblicken wirkt sie eher im Hintergrund oder wird nicht empfunden. Ist diese empfindungsfreie Liebe kein Gefühl? Döring und Peacocke schließen Dispositionen aus ihrer Gefühlsdefinition aus, weil sie mit dieser Definition eine spezifische Wahrnehmungstheorie der Gefühle verknüpfen. Im wörtlichen Sinne können Wahrnehmungen nur momentane Ereignisse sein. Wahrnehmungen beruhen gleichsam darauf, dass die Augen geöffnet sind und etwas gesehen wird. Im metaphorischen Sinne können wir aber natürlich auch sagen, dass uns Dispositionen die Welt oder eine Person so oder so »wahrnehmen« lassen. Mein Hass auf dich bedingt, dass ich dich nur negativ »sehe«. Da auch Döring und Peacocke dazu übergehen, Gefühle als wahrnehmungsanalog zu bezeichnen, ist nicht verständlich, warum sie sich in ihrer Definition der Gefühle auf aktuelle Zustände beschränken. Sinnvoller ist es in diesem Zusammenhang, ein Vokabular zu entwickeln, das Dispositionen und Zustände in ein flexibles Verhältnis setzt. Zustände können dann Dispositionen auslösen; Dispositionen wiederum können Zustände nach sich ziehen (Wollheim 2001). Auch an diesem Punkt also gilt es zunächst, alltägliche Sprachwendungen oder das, was hier darunter verstanden wird, gegen verengende philosophische Definitionen in Schutz zu nehmen. Im Laufe dieser Einführung wird immer wieder deutlich werden, in welchem Maße viele Autoren dazu neigen, plausible Beschreibungen einzelner Phänomene für das Ganze zu halten. Diese Verallgemeinerungstendenz sollte möglichst lange in Schach gehalten werden, deswegen werden Gefühle hier als Zustände und als Dispositionen thematisch.

Ein Aspekt muss noch hervorgehoben werden. Aufgrund der fachlichen Ausrichtung des Autors wird hier vor allem die philosophische Diskussion der letzten Jahre im Mittelpunkt stehen, aber selbst diese Diskussion kann nur in Ausschnitten vorgestellt werden. Einzelne Ergebnisse und Thesen anderer Disziplinen werden hier und da erwähnt, wenn sie in philosophischer Perspektive relevant sind, wenn sie die philosophische Perspektive ergänzen oder modifizieren oder wenn diese Perspektive ihrerseits Licht auf die Ergebnisse und Thesen anderer Disziplinen wirft. Das gilt insbesondere für die Ergebnisse der Neurowissenschaften, die zunehmend auch von philosophischer Seite aufgegriffen werden.

1. »Wir fürchten uns, weil wir zittern«: Ein Anfang mit William James

William James' 1884 veröffentlichter Aufsatz »What is an Emotion?« zählt bis heute zu den wesentlichen Bezugspunkten unterschiedlicher Gefühlstheorien. Besonders kontrovers wird dabei James' These diskutiert, dass Gefühle körperliche Veränderungen registrieren und in diesem Registrieren aufgehen. Körperliche Veränderungen sind dann eine kausale Voraussetzung für das Haben von Gefühlen. Wir fliehen nicht vor einem Bär, weil wir uns vor ihm fürchten, wir fürchten uns vor ihm, weil wir fliehen. James bindet Gefühle damit unauflöslich an körperliche Vorgänge, was seine Position insbesondere für die neurophysiologischen Ansätze der Gegenwart attraktiv macht. Der philosophische Kognitivismus andererseits hat sich genau an dieser starken physiologischen Ausrichtung der James'schen Theorie gerieben.

Introspektion als Ausgangspunkt

Da wir uns vor allem auf die neuere Diskussion der Gefühlsproblematik konzentrieren wollen, bietet es sich an, mit einem Ansatz zu beginnen, der bis heute immer wieder aufgegriffen wird, und zwar sowohl in kritischer als auch in bejahender Absicht. Gemeint ist William James' Aufsatz »What is an Emotion?«, der 1884 in der Zeitschrift *Mind* veröffentlicht worden ist. Dieser Ansatz wird gelegentlich auch als James-Lange-Theorie der Gefühle bezeichnet, da der dänische Physiologe Carl Georg Lange zeitgleich mit James eine ähnliche Theorie ausgearbeitet hat. Aus Platzgründen soll hier allerdings nur die Version von James vorgestellt werden. Dabei geht es nicht nur darum, James' Ansatz selbst in seinen Grundzügen zu skizzieren, sondern auch darum, einige der Fragestellungen in den Blick zu bekommen, die sich im Zuge der Erforschung menschlicher Gefühle immer wieder aufdrängen. Die erste relevante

Frage liegt natürlich auf der Hand: Wie lassen sich Gefühle überhaupt erforschen? Diese methodische Frage besitzt durchaus eine gewisse Sprengkraft, da der spezifische Charakter einer Gefühlstheorie in großem Maße von der Antwort abhängt, die im Rahmen der jeweiligen Theorie auf die methodische Frage gegeben wird. Mit anderen Worten, ob wir uns dem Phänomenbereich der Gefühle hirnphysiologisch, sprachphilosophisch oder phänomenologisch nähern, entscheidet oft darüber, wie wir Gefühle letztlich definieren oder beschreiben.

Mit Blick auf die methodische Frage ist James' Ansatz als »introspektionistisch« gekennzeichnet worden, und das ist auch der Begriff, den James in seinem Aufsatz wählt. Er geht von »introspective observations« aus, also von Beobachtungen, die das Bewusstsein an sich selbst machen kann (James 1884, S. 189). Auch heute noch bezeichnet der Begriff Introspektion die Fähigkeit, die Aufmerksamkeit auf die eigenen mentalen und emotionalen Zustände zu richten. Um etwas über Gefühle herauszufinden, so lässt sich dieser Ansatz verkürzt wiedergeben, reicht es aus, den Blick auf sich selbst zu richten, auf die inneren Empfindungen und Erfahrungen, die auf diesem Wege zu Tage treten. Weder müssen wir analysieren, wie über Gefühle gesprochen wird, noch sind wir auf naturwissenschaftliche Experimente angewiesen, die uns in die Lage versetzen, Gefühlsreaktionen am Körper zu messen. Die Frage, warum man auf dem introspektionistischen Weg etwas über Gefühle im Allgemeinen und nicht nur über seine persönlichen Gefühle herausfindet, wird von James nicht aufgeworfen und soll deswegen hier auch nicht weiter verfolgt werden. Wichtiger ist, dass James glaubt, mit seinem bewusstseinsphilosophischen Ansatz unsere »natürliche Art des Denkens« oder den »common sense« zu korrigieren (ebd., S. 189f.). Mit vielen späteren Autoren teilt James damit die Ansicht, dass unsere alltägliche Art, über Gefühle zu reden, voller Irrtümer ist, die nur durch eine wissenschaftlichere Art der Analyse behoben werden können. Die Fragestellung, um die es hier geht, ist nicht so sehr die nach der Methode als vielmehr die nach dem Verhältnis der jeweils gewählten Methode zu der Art, wie wir im Alltag Gefühle deuten und verstehen.

Eine dritte Fragestellung, die gleich am Anfang von James' Aufsatz auftaucht, betrifft die Frage nach dem Ort der Gefühle im menschlichen Organismus und im Gefüge des Mentalen. So formuliert, hat diese Frage zwei Dimensionen: Zum einen will sie wissen, wo sich Gefühle im menschlichen Organismus gewissermaßen ereignen. Wo lassen sie sich messen? Wo lokalisieren wir sie? Zum anderen zielt die Fragestellung auf den Ort, den die Gefühle im Verhältnis zu anderen mentalen Phänomenen einnehmen, und das heißt vor allem auf ihr Verhältnis zu Überzeugungen und Wünschen. Auf beide Fragedimensionen gibt James eine Antwort. Da Gefühle auf eine bestimmte Form der Wahrnehmung und der körperlichen Veränderung bezogen sind, lassen sie sich an jener Stelle im Gehirn lokalisieren, an der auch die Sinneseindrücke und die Bewegungsabläufe des Organismus koordiniert werden (ebd., S. 188). Hier könnten die Gefühle bei fortgeschrittenerer Technik folglich auch gemessen werden, so dass naturwissenschaftliche Ansätze ihren Ort genau an diesem Punkt hätten. Entscheidend für James' Definition der Gefühle ist aber noch ihr Charakter als subjektive Wahrnehmungserfahrung, die nicht über wissenschaftliche Messungen, sondern über eine Rückwendung des Bewusstseins auf sich selbst entschlüsselt wird. Erst der Behaviorismus hat die subjektive Dimension der Gefühle vollständig aufgegeben und sich damit eine ganz und gar physiologische Sicht zu eigen gemacht.

Was die zweite Fragedimension angeht, so gibt James weniger eine klare Antwort, als dass er ein Unbehagen artikuliert. In seinen Augen haben sich nämlich die Physiologen seiner Zeit zu sehr auf die kognitiven und volitionalen Funktionen des Gehirns konzentriert, sich also zu sehr mit dem Problem beschäftigt, wie Denken und Wollen mit Hilfe des Gehirns erklärt werden können. Gefühle lassen sich aber nicht reduzieren auf Denken und Wollen. Ihnen kommt ein eigenständiger Status zu, der nach einem eigenständigen theoretischen Zugriff verlangt.

Der »Irrtum« des natürlichen Denkens

Wie sieht nun James' Theorie im Einzelnen aus? Der Irrtum des »natürlichen« Denkens hat folgende Struktur: (1) Wir nehmen einen Gegenstand wahr, der uns als bedrohlich erscheint; (2) wir reagieren mit Furcht; (3) unser Körper verändert sich, der Herzschlag beschleunigt sich, die Atmung wird flacher, die Hände schwitzen, gegebenenfalls fliehen wir. Das Gefühl reagiert in diesem Fall also auf wahrgenommene Gegenstände oder Sachverhalte und löst seinerseits körperliche Reaktionen aus. Man kann an dieser Stelle hinzufügen, dass diese »natürliche Auffassung« natürlich einiges für sich hat, da wir ja in der Regel sagen »Ich fürchte mich vor dem Hund« und körperliche Reaktionen wie Weglaufen oder Zittern als Manifestationen dieser Furcht betrachten. Die Furcht ist dann die Voraussetzung der körperlichen Reaktion, sie bedingt diese Reaktion.

James möchte nun die Reihenfolge der einzelnen Schritte dieses Modells verändern. Nach seiner Theorie folgen die körperlichen Reaktionen direkt auf die Wahrnehmung (*perception*) des bedrohlichen oder »erregenden« Gegenstands (*exciting fact*), so dass die Reihenfolge wie folgt aussieht (ebd., S. 189): Auf die Wahrnehmung des Gegenstands (1) folgt eine körperliche Reaktion (2), die wiederum das Gefühl der Furcht in uns auslöst (3). Die Furcht gilt folglich nicht dem wahrgenommenen Gegenstand, so scheint es zumindest, sondern der körperlichen Reaktion auf die Wahrnehmung, sie richtet sich nicht auf Vorgänge in der Welt, sondern auf Vorgänge in unserem Körper. Was allerdings mit der Formulierung »richtet sich auf …« gemeint sein kann, muss noch geklärt werden. Vorerst steht für James fest, dass »wir Bedauern empfinden, weil wir weinen, Wut, weil wir losschlagen, Furcht, weil wir zittern«; umgekehrt gilt nicht, dass wir »weinen, losschlagen oder zittern, weil wir Bedauern empfinden, wütend sind oder Furcht verspüren«. Bedauern, Wut oder Furcht ohne wahrnehmungsbezogene körperliche Veränderungen wären der Form nach bloß kognitiv, »blass, farblos, ohne emotionale Wärme« (ebd., S. 190).

Gefühle werden für James also durch körperliche Wandlungsprozesse ausgelöst, das ist schon eine der wesentlichen Aussagen von »What is an Emotion?«. Hauptangriffspunkt ist dabei die Annahme, es könne so etwas wie Furcht, Freude oder Traurigkeit ohne körperliche Reaktion geben, gleichsam rein geistig. James gibt an verschiedenen Stellen zu verstehen, dass eine solche rein geistige Wahrnehmung kein Gefühl sein kann, dass sie eine »gefühllose Kognition« wäre (ebd., S. 194). Es ist folglich nicht nur so, dass ich mich gelegentlich fürchte, indem ich den Hund als gefährlich beurteile (rein geistig), und dann wieder, indem ich am ganzen Leib zittere. Wollen wir überhaupt von einem Gefühl der Furcht reden, dann müssen wir auf körperliche Reaktionen Bezug nehmen, die wir an uns wahrnehmen können, denn diese Reaktionen »konstituieren« das Gefühl, aus ihnen »besteht« es (ebd., S. 194).

Heißt das aber, dass Gefühle mit den gespürten körperlichen Reaktionen auf wahrgenommene Eindrücke gleichzusetzen sind? James unterscheidet an diesem Punkt zwischen »Gefühl« (*feeling*) und »Emotion« (*emotion*) und bezeichnet die Emotion als das mit den körperlichen Veränderungen einhergehende Gefühl: »... our feeling of the changes as they occur is the emotion« (ebd., S. 189–190). Das heißt, nur in dem Maße, in dem wir körperliche Wandlungsprozesse in uns spüren, in dem wir sie »fühlen«, können wir überhaupt Emotionen wie Furcht oder Wut haben. Und tatsächlich geht James davon aus, dass körperliche Prozesse wie die Beschleunigung des Herzschlags automatisch dem Hirn gemeldet werden, so dass wir in gewisser Weise nach Einsetzen dieser Prozesse gar nicht frei sind, eine bestimmte Emotion zu fühlen oder nicht. Ja, es ist gut möglich, dass wir uns vor einer Schlange gar nicht fürchten wollen und doch merken, dass wir uns langsam von ihr entfernen oder leicht zittern (ebd., S. 190).

Auf diesen Widerspruch zwischen Urteil und Gefühl wird zurückzukommen sein. Wichtiger ist hier zunächst die Frage nach der Plausibilität der Unterscheidung zwischen Emotion und Gefühl. Was, so muss ja nun die Frage lauten, unterscheidet denn die Emotion von dem Gefühl? Anders gefragt: Wozu braucht James diese terminologische Unterscheidung? Zunächst zeigt sich, dass James Gefühle an jene Phänomene anlehnt, die man in der philosophischen Tradition, aber auch heute noch als »Empfindungen« (*sensations*) bezeichnet. In den klassischen Diskussionen zählten Schmerz und Lust zu den Empfindungen, die besonderes Interesse hervorriefen. Heute bezieht sich der Begriff auf körperlich spürbare Vorgänge wie etwa ein Kitzeln im Bauch, einen Schmerz im Rücken oder ein dumpfes Pochen im Kopf. Wenn James von »Gefühl« (*feeling*) spricht, denkt er genau an solche Phänomene, die eindeutig körperliche Ausgangspunkte haben und subjektiv wahrnehmbar sind. Aber wenn Gefühle aus solchen körperlichen Vorgängen »bestehen« oder wenn diese Vorgänge Gefühle »konstituieren«, dann bleibt undeutlich, was »Emotionen« im Sinne von »emotions« darüber hinaus noch sein sollen. Gefühle oder Empfindungen sind für James offensichtlich notwendige Bedingungen für Emotionen (*emotions*). Und sie sind in gewisser Weise auch hinreichend; das heißt, wenn wir spüren, wie sich unser Herzschlag beschleunigt, dann ist das die Furcht. Damit ist aber klar, dass James die Unterscheidung zwischen Emotion und Gefühl tatsächlich einebnet, was ohnehin nahe gelegt wird, wenn es heißt, unser

Empfinden der körperlichen Wandlungsprozesse ist die Emotion. James bezieht sich vermutlich nur deswegen auf die Unterscheidung zwischen Gefühl und Emotion, weil er eine Position bekämpft, die Emotionen als etwas rein Mentales kennt, als einen »state of mind« (ebd., S. 189), der körperliche Reaktionen, und das heißt Gefühle, nach sich zieht. Akzeptiert man James' Kritik an dieser Hinsicht, dann kann der Begriff »Emotion« entweder aus unserem Vokabular gestrichen oder ganz und gar an die Semantik von »Gefühl« angeglichen werden.

Erschöpfen sich Gefühle in der Empfindung körperlicher Veränderungen?

Wenn nun aber Gefühle mit den gespürten körperlichen Wandlungsprozessen gleichzusetzen sind, dann stellen sich einige Fragen ein. Müsste James nicht beispielsweise sagen, dass jedes Zittern Furcht auslöst? Wir kennen aber auch ein Zittern vor Freude oder nach Einnahme bestimmter Medikamente. Wie können wir von bestimmten körperlichen Reaktionen auf bestimmte Gefühle schließen, wenn doch manche Reaktionen des Körpers im Zusammenhang mit verschiedenen Gefühlen auftauchen können? Hiermit hängt eine weitere Frage zusammen: Ist James' These, dass unsere Furcht dem Zittern gilt? Oder will er sagen, dass das Zittern der Auslöser der Furcht vor dem Gegenstand ist? In der »natürlichen« Perspektive, wie James sie darstellt, fürchten wir uns »vor« dem Hund oder »vor« der Schlange. Wäre die Rede von den körperlichen Reaktionen als Auslöser richtig, dann müssten wir sagen, dass wir uns erst in dem Augenblick »vor« dem Hund fürchten, in dem wir eine bestimmte körperliche Reaktion an uns bemerken. Die Furcht ist überhaupt nicht abzulösen von dieser Reaktion, sie ist diese Reaktion, aber eben unter Bezug auf den Gegenstand, dem die Furcht gilt.

Wir haben damit zwei Problemkomplexe eröffnet, die im Zusammenhang mit James' Text immer wieder diskutiert worden sind. Zum einen geht es um die Frage, ob Gefühle in der Empfindung körperlicher Veränderungen aufgehen. Zum anderen bleibt undeutlich, worauf genau sich die Gefühle richten. Es ist erstaunlich, wie schwierig es ist, diese

Fragen durch Rückgriff auf James' Text zu beantworten. Was die erste Frage angeht, ist im Grunde schon gesagt worden, dass sie bejaht werden muss. Allerdings gibt es zwei Ausnahmen oder Komplikationen. So kennt James durchaus Gefühle, die ohne körperlichen Ausdruck auskommen (ebd., S. 189), thematisiert sie aber in »What is an Emotion?« noch nicht. In den *Principles of Psychology* wird er auf diesen Punkt näher eingehen. Darüber hinaus können ideelle Phänomene in James' Erläuterung von Gefühlen durchaus eine gewisse Rolle spielen. Ich kann beispielsweise wahrnehmen, dass mich jemand absichtlich ignoriert, und diese Wahrnehmung kann heftige körperliche Reaktionen in mir auslösen (James 1884, S. 196). Wenn man diese Beschreibung akzeptiert, dann können Gedanken oder Kognitionen (»er ignoriert mich!«) am Anfang der Gefühlsbildung als Ursache physiologischer Veränderungen im Körper auftreten. Manche Autoren glauben sogar, dass es für James überhaupt keine Gefühle unabhängig von Kognitionen gibt (Deigh 1994, S. 829), aber das ist eine Überinterpretation. Kognitionen können am Anfang einer Gefühlsbildung stehen, aber sie müssen es nicht. Wenn sie in die Gefühlsbildung hineinspielen, dann behandelt James sie in jedem Fall wie eine gefühlsinduzierende Wahrnehmung (»emotion-arousing perception«, 1884, S. 196), die, und das ist entscheidend, erst in dem Augenblick zum Gefühl wird (Wut, Empörung), in dem auf sie eine körperliche Reaktion folgt. Die bloße Wahrnehmung, der bloße Gedanke allein reicht in seinen Augen nicht aus, um Gefühle hervorzurufen. Damit bleibt es bei der Gleichsetzung von Gefühlen mit empfundenen körperlichen Prozessen.

Es gibt aber noch einen anderen Weg, das ideelle Element in James' Theorie zu platzieren. Es ist erwähnt worden, dass James rein geistige Wahrnehmungen als »gefühllose Kognition« bezeichnet. Tatsächlich gibt es Stellen, an denen James eine solche Gefühllosigkeit eher kritisch betrachtet, weil sie mangelnde Anteilnahme an einem Phänomen nahe legt. Der abgebrühte Kunstkritiker etwa urteilt weitgehend gefühllos, gleichsam kalt und herzlos, beraubt damit aber seine Urteile jeglicher Bedeutsamkeit (James 1884, S. 202). Slaby geht deswegen in seiner Interpretation von James davon aus, dass Gefühle bei James doch eine »wertende« oder »kognitive« Funktion« haben (Slaby 2008, S. 561). Wenn eine Welt ohne Gefühle ohne Bedeutung ist, dann sind es offensichtlich die Gefühle, die Bedeutung in die Welt bringen – und das können sie nur leisten, wenn sie immer schon mehr in sich fassen als nur körperliche Empfindungen. Gefühle verfügen dann doch über eine eigene evaluative Dimension, weil sie als Gefühle Gegenstände und Welt für das fühlende Subjekt bewerten, was auch impliziert, dass sie über eine eigene Intentionalität verfügen, die auf Welt oder auf Gegenstände in der Welt gerichtet ist.

Diese Deutung ist überzeugend, aber es lässt sich nicht leugnen, dass James diese Dimension einer sinnstiftenden Intentionalität emotionaler Phänomene kaum ernsthaft thematisiert, sondern allenfalls impliziert hat. Dies gilt für seinen frühen, hier relevanten Text über Gefühle, aber selbst für spätere Texte, die Slaby zur Stützung seiner Lesart heranzieht. Sein Vorwurf (ebd., S. 565), James sei kontinuierlich falsch interpretiert worden, ist insofern etwas unfair. James hat schlicht zu wenig über diese mögliche kognitive oder ideelle Dimension von Gefühlen gesagt, er thematisiert Kognitionen, die vor einem Gefühl oder ohne ein Gefühl auftreten, nicht aber Kognitionen, die sich mit emotionalen Prozessen »verschränken« (ebd., S. 563). Man kann sich das auch deutlich machen, wenn man versucht, den ideellen Gehalt der Gefühle heranzuziehen, um das Problem ihrer Individuierung zu lösen. Ob aus einem Zittern Furcht oder Freude wird, könnte ja mit den Vorstellungen zusammenhängen, die in eine vollständige Beschreibung dieser Gefühle integriert werden müssen. Doch James wählt diesen Weg nicht, was wohl auch am Funktionalismus seines Ansatzes liegt. Mit Gefühlen, so die Annahme, passt sich der menschliche Organismus nämlich an Umweltbedingungen an und sichert damit seine Überlebenschancen (James 1884, S. 194). Die Furcht vor einer Schlange etwa kann eine Fluchtbewegung auslösen, die unter den gegebenen Umständen durchaus sinnvoll ist. Die bloße »kalte« Erkenntnis, dass da eine Schlange auf dem Weg liegt, reicht möglicherweise nicht aus, um diese Fluchtbewegung auszulösen. Mehr noch, die körperliche Reaktion erfolgt in der Regel so schnell und so automatisiert, dass die Ideenproduktion gleichsam gar nicht anders kann als hinterherzuhinken (ebd., S. 196). Das ist, evolutionstheoretisch gesprochen, auch nur sinnvoll, denn wenn wir erst einmal überlegen müssten, ob eine Schlange gefährlich ist oder nicht, könnte es sein, dass zuviel wertvolle Zeit verstreicht, die wir zur Flucht nutzen sollten.

Dennoch bleibt natürlich die Frage, ob wir bei der Beschreibung von Gefühlen ganz auf ideelle Gehalte verzichten können. Das heißt nicht, dass jemand, der flieht, Überlegungen der Art »Ich fürchte mich vor der Schlange« anstellen muss, aber es heißt, dass wir auf irgendeiner Ebene auf ideelle Gehalte rekurrieren müssen, um Furcht beispielsweise von Feigheit differenzieren zu können. Das bereits erwähnte Problem, das sich für James stellt, besteht in der Schwierigkeit, auf der Basis von körperlichen Prozessen Gefühle zu individuieren. Natürlich können wir sagen, dass alle oder zumindest viele Gefühle von körperlichen Prozessen begleitet werden. Wir können sogar sagen, dass diese Prozesse für die Bestimmung des Gefühls als Gefühl nicht einfach nur sekundär sind. Schwieriger aber scheint der Versuch zu sein, diese Gefühle aus den körperlichen Prozessen abzuleiten, da das auf den Versuch hinausläuft, für jedes Gefühl genau eine spezifische körperliche Reaktion aufzufinden. Wir hätten dann ein spezielles Zittern für die Furcht, eines (vielleicht ein langsameres) für die Freude und ein typisches Medikamentenzittern. Oder wir können sagen, dass Zittern immer irgendwie Furcht auslöst, dass aber diese Furcht im Falle der Freude oder der Medikamente durch Beimengung anderer physiologischer Prozesse aufgeweicht und damit in den Hintergrund gedrängt wird. Doch James ist diesen Vorschlägen selbst nicht gefolgt; im Gegenteil, in seinen 1890 erschienenen *Principles of Psychology* erklärt er ausdrücklich, dass einzelne Gefühle sich durchaus unterschiedlich körperlich manifestieren können (1981, Bd. 2, S. 1069–1070). Was aber an dieser Stelle unklar bleibt, ist nicht so sehr die Frage, wie sich beispielsweise Furcht manifestiert, es ist vielmehr die Frage, wie wir dazu gelangen, eine körperliche Reaktion überhaupt als »Furcht« zu klassifizieren. Die Frage ist, ob wir das allein aufgrund von körperlichen Prozessen tun können, und diese Frage kann James nicht zufriedenstellend klären. Wir werden sehen, dass erst in neuerer Zeit wieder Versuche unternommen worden sind, Gefühle in körperlichen Reaktionen zu fundieren.

Die Gegenstände des Gefühls

Der andere unklare Punkt an James' Ansatz betraf die Frage nach dem Gegenstand oder der Richtung des Gefühls. Viele Autoren gehen ganz selbstverständlich davon aus, dass sich die von James thematisierten Gefühle auf die Gegenstände oder Ereignisse richten, durch die sie letztlich ja auch ausgelöst werden (Goldie 2000, S. 55). James spricht hier mal von der gefühlsauslösenden Tatsache (»exciting fact«, James 1884,

S. 189), mal von Merkmalen der Umwelt (»features of the environment«, ebd., S. 195), mal schlicht von Gegenständen (»objects«, ebd., S. 194). Die Annahme, die Gefühle richteten sich nicht auf die sie auslösenden Gegenstände, schiene auf eine etwas absurde Position hinauszulaufen. Oder würden wir sagen, der Satz »wir fürchten uns, weil wir zittern« sollte auf die Behauptung hinauslaufen, dass wir uns vor dem Zittern fürchten? So steht es nicht bei James. Seine These scheint nur zu sein, dass körperliche Reaktionen Gefühle in uns auslösen oder sie verstärken können. Manchmal reicht es, einfach nur zu seufzen, und schon ist man traurig oder trauriger als zuvor (ebd., S. 197). Die Traurigkeit aber wird sich wohl nicht auf das Seufzen selbst richten, sondern auf irgendeinen Gegenstand, der Trauer auslöst.

Auch wenn diese Deutung plausibel erscheint, ist nicht ganz klar, ob sie James' Intentionen trifft. Gerade das Beispiel mit dem Seufzen vermag zu zeigen, dass James möglicherweise doch Probleme mit dem Gegenstandsbezug der Gefühle hat. Denn worauf läuft das Beispiel hinaus? Es läuft auf die Annahme hinaus, dass das bloße Ausführen körperlicher Vorgänge (Seufzen) Gefühle freisetzt (Traurigkeit), die noch gar keinen Gegenstandsbezug haben können. In dem Text heißt es, das »freiwillige Hervorrufen der so genannten Manifestationen einer speziellen Emotion dürfte uns die Emotion selbst liefern« (ebd., S. 197). Die körperliche Reaktion kommt hier ohne vorausgegangene Wahrnehmung eines gefühlsauslösenden Gegenstands aus. Das Gefühl entsteht vielmehr erst mit der Reaktion (oder in diesem Fall: der freiwilligen Aktion). Das klingt zwar eigentümlich, aber experimentelle Psychologen versuchen auch heute noch den Nachweis zu erbringen, dass beispielsweise ein aktiv herbeigeführtes Lächeln positive Gefühle wachrufen kann (Schwarz/Clore 1996, S. 441).

Allerdings scheinen Zweifel an meiner Lesart angebracht. James' Rede von den »Manifestationen« einer speziellen Emotion legt ja nahe, dass die Emotion nicht in ihren Manifestationen aufgeht, dass sie mithin unabhängig von diesen Manifestationen identifiziert werden kann (und identifiziert werden muss). Das hat einige Autoren zu der Annahme geführt, die Emotion sei doch ein Zustand, der bestimmte körperliche Reaktionen auslöst und nicht umgekehrt eine Reaktion auf körperliche Vorgänge (Gordon 1987, S. 94). Heißt es bei James schließlich ein paar Zeilen später, jedes Seufzen lasse die Trauer »akuter« werden, dann scheint auch dieses Zitat zu implizieren, das Seufzen lasse eine bereits vorhandene Trauer akuter werden, verstärke sie, löse sie aber nicht aus. Ist das aber der Fall, dann muss sich die Trauer doch auf einen Gegenstand oder Sachverhalt beziehen, der allen körperlichen Reaktionen, die im Zusammenhang mit Trauer auftreten mögen, vorgelagert ist.

Zwei Dinge sind dazu zu sagen: Zum einen spricht James von den »so genannten« Manifestationen einer speziellen Emotion und bedient sich damit eines Vokabulars, das er gerade desavouieren möchte. Zumindest unternimmt er viel, um das Bild von den Gefühlen als rein geistigen Phänomenen, die sich dann so oder so manifestieren, zu destruieren. Zum anderen muss man nicht selbstverständlich davon ausgehen, dass ein Gefühl, das durch aktiv herbeigeführte körperliche Tätigkeiten »akuter« wird, auch unabhängig von allen körperlichen Tätigkeiten vorliegt. Ein Gefühl kann durch körperliche Tätigkeiten ausgelöst und dann durch weitere Tätigkeiten verstärkt werden. Nichts in James' Theorie widerspricht dieser Überlegung, auch wenn er sich an den einschlägigen Stellen tatsächlich missverständlicher Formulierungen bedient.

Die Frage bleibt also: Worüber sind wir traurig, wenn sich nach wiederholten Seufzern eine gedrückte Stimmung in uns einstellt? Selbst wenn James nicht sagen will, dass sich das Gefühl auf die körperlichen Vorgänge richtet, bleibt zumindest undeutlich, worauf es sich tatsächlich richtet oder ob es sich überhaupt auf irgendetwas »richtet«. Problematisch wird diese Undeutlichkeit, wenn wir davon ausgehen, dass sich Gefühle in der Regel auf etwas richten, dass sie ein »Worüber« haben. Wir sind eben nicht einfach nur traurig, sondern traurig »über« etwas.

Zentral ist für James vor allem die Tatsache, dass Gefühle eine physiologische Basis haben. Bemühungen dagegen, sie zu klassifizieren und zu individuieren, nennt er »ermüdend« oder »unwichtig« (James 1981, Bd. 2, S. 1064). Diese Haltung mag zwar aus heutiger Sicht etwas trotzig erscheinen, aber man muss fairerweise hinzufügen, dass James' Skepsis mit Blick auf Klassifikationsfragen im Rahmen seines introspektionistischen Ansatzes nur konsequent ist. Die introspektionistische Methode gleicht ja Gefühle an andere Sinneseindrücke an. Die Pointe dieser Angleichung liegt in folgendem Punkt: So wie wir nur dann wissen, wie verbranntes Holz riecht, wenn wir wenigstens einmal verbranntes Holz gerochen haben, so können wir auch nur dann wissen, wie es ist, sich zu fürchten, wenn wir Furcht wenigstens einmal auf spürbare Weise erfahren haben (Alston 1967, S. 480). Es ist die Dimension bewusster innerer Erfahrung, die Gefühle für uns überhaupt erst zugänglich macht. Wenn das aber so ist, müssen wir auch einräumen, dass uns diese innere Erfahrung unsere Gefühle häufig nicht trennscharf präsentiert, dass es uns mithin oft schwer fällt, unsere Gefühle sprachlich genau zu artikulieren (Solomon 1993, S. 98). Manche Gefühle, so Allan Gibbard, können wir vielleicht nur »pfeifen« (Gibbard 1990, S. 131). James' introspektionistische Methode hat für diese Erfahrungsdimension der Gefühle ein Gespür, weswegen bis heute manche Autoren auf sie zurückgreifen (Hartmann 2002, S. 198). Allerdings bleibt die Frage, ob die Angleichung der Gefühle an andere Formen der Sinneswahrnehmung (Gerüche, visuelle Eindrücke) und an Prozesse körperlicher Reaktionsbildung nicht doch die Spezifität menschlicher Gefühle unterschlägt. Wir werden sehen, dass viele Autoren, die auf James gefolgt sind, genau dieser Ansicht sind.

Bevor das geschieht, sollen hier noch einmal die Fragestellungen genannt werden, die sich der Lektüre der Texte von James entnehmen lassen. Diese Fragestellungen sollen dann in die weitere Diskussion einfließen, um die Komplexität des Themas in orientierender Absicht zu reduzieren. Dabei wurden nicht alle der jetzt zu erwähnenden Fragestellungen bei der Interpretation der Texte von James explizit genannt. Auch werden natürlich im weiteren Verlauf der Diskussion neue Fragestellungen hinzukommen.

Folgende Fragestellungen wurden explizit oder implizit genannt:

- Mit welcher Methode können Gefühle am besten beschrieben oder erklärt werden?
- Wie verhält sich die jeweils gewählte Methode zu unserem alltäglichen Verständnis menschlicher Gefühle?
- Wo ereignen sich Gefühle im menschlichen Organismus?
- Wie stehen Gefühle zu den mentalen Phänomenen der Überzeugung und des Wunsches?
- Wie lässt sich die häufig zu beobachtende Diskrepanz zwischen Urteil und Gefühl erklären?
- Wie werden Gefühle definiert?
- Wie entstehen Gefühle?
- Welche Funktion haben Gefühle?
- Wie manifestieren sich Gefühle?
- Gibt es angeborene Gefühlsreaktionen oder sind Gefühle sozial konstruiert?

Nur auf den letzten Punkt ist die Diskussion bisher nicht eingegangen. Er hängt unmittelbar mit der Frage nach der Funktionalität der Gefühle zusammen. Wie erwähnt, geht James davon aus, dass viele unserer Gefühlsreaktionen in der Regel nützlich für uns sind. Indem unser Körper etwa quasi-automatisch auf bestimmte gefährliche Umweltreize reagiert, kann er jenseits komplizierter Reflexionsprozesse lebenssichernde Handlungen ausführen. Für James sind unsere Gefühlsreaktionen in diesem Sinne angeborene Verhaltensweisen, die durch bestimmte Umweltreize hervorgerufen werden. Wie steht es aber mit komplexen Gefühlen wie Scham? Sind nicht die Anlässe der Scham, wie James sagt, »konventionell«, wechseln sie nicht mit der sozialen Umwelt, in der man aufwächst (James 1884, S. 194)? James' Antwort auf diese Frage soll hier ohne weitere Diskussion erwähnt werden, da es nur darauf ankommt, in seinem Text eine Thematik ausfindig zu machen, die Jahrzehnte später umfassend verhandelt werden wird (Harré 1986). Es ist, so James, durchaus möglich, dass die angeborenen Reaktionsmuster, die im Zusammenspiel mit bestimmten Umweltreizen eine nützliche Funktion erfüllen, auch im Zusammenspiel mit neuen Umweltreizen diese Funktion erfüllen können, so dass die äußeren Anlässe einer Gefühlsreaktion keinesfalls einheitlich bleiben müssen (James 1884, S. 195). Man könnte sich beispielsweise vorstellen, dass wir über bestimmte Reaktionsmuster der Scham verfügen, die uns angeboren sind. Durch welche Umweltreize diese Muster aber wachgerufen werden, das ist nicht auch noch von Geburt an festgelegt, und so können dann feststehende Elemente mit einer gewissen Variabilität vereint werden.

In einem nächsten Schritt soll es nun zunächst darum gehen, Richtungen der Gefühlsanalyse vorzustellen, die auf die eine oder andere Weise mit James gebrochen haben.

Cannons Kritik: Furcht und Wut beschleunigen den Herzschlag

Für James bestehen Gefühle hauptsächlich aus der Wahrnehmung körperlicher Prozesse. Diese körperlichen Prozesse werden von uns empfunden, wir fühlen sie, nehmen sie wahr, und diese Empfindung, diese

Wahrnehmung ist das Gefühl. James' These ist dabei, dass jede auftretende Veränderung im Körper »gefühlt werden muss« (James 1884, S.193). In einem einflussreichen Artikel aus dem Jahr 1927 hat der Psychologe Walter B. Cannon die James-Lange-Theorie aus empirischen Gründen verworfen. Er bezieht sich dabei auf die gelegentlich von James geäußerte Vermutung, Gefühle hätten ihren physiologischen Ausgangspunkt in den inneren Organen und Eingeweiden (Herz, Lungen, Magen, Leber, Nieren, Verdauung etc.), da sie es seien, die nach Konfrontation des Organismus mit einem gefühlsinduzierenden Gegenstand und über Vermittlung der Cortex bestimmte Veränderungen durchlaufen, die dann wiederum vom Cortex registriert werden. Ist das eingetreten, können diese Veränderungen wahrgenommen werden und Gefühle auslösen. Cannon polemisiert gegen diese spezifische Theorie der physiologischen Genese menschlicher Gefühle und setzt ihr eine andere physiologische Genese entgegen. Nichtsdestotrotz ist seine Kritik auch von Philosophen aufgegriffen worden, die nicht die Absicht hatten, eine physiologische Genese menschlicher Gefühle durch eine andere zu ersetzen. Es sind fünf Punkte, die Cannon in kritischer Absicht gegen James vorbringt (1927, S.108–114):

1. Werden die inneren Organe künstlich oder durch einen Unfall vom zentralen Nervensystem getrennt, dann gibt es trotzdem noch Gefühlsreaktionen im Organismus. Cannon berichtet von Experimenten, in denen man Hunden das Rückenmark und andere Nerven durchtrennt hat, um so alle neurologischen Verbindungen zwischen den inneren Organen und dem Gehirn zu kappen. Dennoch reagierten diese Hunde mit normalen gefühlsmäßigen Reaktionen. Cannon selbst hat das sympathische Nervensystem von Katzen entfernt, das den Körper normalerweise in Leistungsbereitschaft versetzt und aktiviert. Auf den Anblick von Hunden reagierten diese Katzen ebenfalls mit gefühlsmäßigen Reaktionen (Ausfahren der Krallen, Zischen, Zurückziehen der Ohren etc.). Die inneren Organe scheinen also nicht wesentlich für die Gefühlsbildung zu sein.
2. Die Veränderungen in den inneren Organen können bei verschiedenen Gefühlen die gleiche Form annehmen. Furcht und Wut etwa gehen einher mit einem beschleunigten Herzschlag, einem Zusammenziehen der Arteriolen, einer Weitung der Bronchiolen, einer Vergrößerung der Pupillen, Schwitzen etc. Ist das der Fall, wird es

schwierig, Gefühle auf der Basis solcher physiologischen Reaktionen voneinander zu differenzieren.
3. James hat behauptet, wir würden die Veränderungen in den Organen immer spüren. Das aber kann nicht stimmen, da viele dieser Veränderungen für uns de facto völlig unbemerkt ablaufen. Wie sich der Magen während des Verdauungsprozesses zusammenzieht und ausdehnt, merken wir in der Regel nicht. Cannon nennt die inneren Organe »relativ unsensible Strukturen«.
4. Unsere gefühlsmäßigen Reaktionen auf bestimmte Situationen sind häufig schneller als unsere physiologischen Reaktionen. Bevor die Organe auf bestimmte Reize reagieren, befinden wir uns schon in einem gefühlsmäßigen Zustand.
5. Löst man auf künstliche Weise starke Reaktionen der inneren Organe aus, folgen nicht unbedingt ebenso starke Gefühle. Injiziert man Versuchspersonen Adrenalin, reagieren sie zwar organisch, aber nicht gefühlsmäßig auf diesen Eingriff. Sofern diese Versuchspersonen überhaupt Gefühle ins Spiel bringen, tun sie das auf ruhige, beobachtende Weise: »Ich fühlte mich, als wäre ich ängstlich«; »ich fühlte mich, als stünde mir eine große Freude bevor« etc. Sie wissen, dass sie keine echten Gefühle haben.

Cannon ist nun im weiteren Verlauf darum bemüht, eine Antwort auf die Frage zu geben, wo genau, wenn nicht in den inneren Organen, der Sitz der Gefühle, der Sitz ihrer neuralen Organisation anzusiedeln ist, und schlägt den Thalamus (Sehhügel) vor, da Untersuchungen an Patienten mit geschädigtem Thalamus den Nachweis einer Schwächung oder eines Abbrechens des »normalen« Gefühlslebens erbracht hätten (1927, S. 116–117). Aber nicht darauf soll es hier ankommen. Der entscheidende Punkt, der auch für philosophische Gefühlstheorien wichtig geworden ist, besteht in dem an James gerichteten Vorwurf, einzelne Gefühle ließen sich mit Hilfe physiologischer Reaktionen nicht hinreichend voneinander differenzieren. In dem Maße nämlich, in dem es nicht möglich zu sein scheint, spezifische Reaktionsweisen des Körpers für spezifische Gefühle zu identifizieren, beginnt die Suche nach alternativen Zugängen zum Phänomenbereich der Gefühle. Philosophische Ansätze haben sich dabei besonders auf den Bereich der Gedanken oder Kognitionen berufen, so dass man heute von »kognitivistischen« Gefühlstheorien spricht. Gedanken spielten, darauf ist hingewiesen worden, in James' Perspektive durchaus eine Rolle, aber nur als mögliche Ursachen von Gefühlen, nicht als wesentliche Bestandteile der Gefühle selbst. Das aber ist die These, die auf die eine oder andere Weise vom Kognitivismus vertreten wird, dem deswegen jetzt die Aufmerksamkeit gelten soll.

2 Urteile, Überzeugungen, Wertungen: Die Rationalisierung der Gefühle

Die Probleme des Ansatzes von James haben in der Philosophie zum Erstarken von Theoriemodellen geführt, die man als kognitivistisch bezeichnet hat. Diesen Modellen zufolge sind Überzeugungen, Urteile oder Wertungen wesentliche Bestandteile von Gefühlen. Die Gefühlstheorie entfernt sich damit von der physiologischen Ausrichtung der James'schen Deutung und rationalisiert die Gefühle. Wenn Gefühle auf Überzeugungen beruhen, dann können sie auch, so scheint es, berechtigt oder unberechtigt, angemessen oder unangemessen sein. Gefühle können dann sogar kritisiert werden. Der Kognitivismus hat die Diskussionen in der Philosophie bis in die Gegenwart hinein bestimmt und ist erst in jüngster Zeit von verschiedenen Seiten unter Druck geraten.

Was kennzeichnet kognitivistische Gefühlstheorien?

Wenn hier vom »Kognitivismus« die Rede ist, soll damit nicht suggeriert werden, es gäbe so etwas wie eine einheitliche philosophische Strömung oder gar Schule, die sinnvollerweise unter diesem Titel zusammengefasst werden könnte. Viele der im Folgenden vorgestellten Ansätze sind eingelassen in einen größeren theoretischen Kontext, der jeweils dazu beitragen soll, die im Rahmen dieser Kontexte getroffenen Aussagen zu plausibilisieren. Diese theoretischen Kontexte wiederum unterscheiden sich selbst bei gleicher kognitivistischer Ausrichtung beträchtlich, so dass man keinesfalls von einer einheitlichen Strömung des Kognitivismus sprechen kann. Dennoch gibt es Ähnlichkeiten: Kognitivistische Ansätze gehen davon aus, dass Gefühle intrinsisch mit kognitiven Komponenten wie Überzeugungen, Urteilen oder Bewertungen verbunden sind. Diese kognitiven Komponenten fungieren nicht bloß als mögliche kausale Ursache eines Gefühls, sie sind vielmehr wesentlicher Bestandteil des Gefühls, sie sind in ihrer Spezifität nötig, um ein Gefühl als Gefühl zu identifizieren und um das eine Gefühl vom anderen abzugrenzen. Wir sind auf jemanden wütend, weil wir glauben, dass er uns belogen hat; wir schämen uns unserer Leseschwäche, weil wir annehmen, Lesen gehöre in unseren Breitengraden zu den Grundvoraussetzungen intellektueller Kompetenz; wir sind eifersüchtig auf den Bekannten unserer Frau, weil wir vermuten, dass sie ihn begehrenswert findet. Ohne diese Überzeugungen, Annahmen oder Vermutungen wären wir, so die These des Kognitivismus, nicht wütend, voller Scham oder eifersüchtig. Die kognitiven Komponenten des Gefühls lassen sich insofern als gedanklicher Inhalt der Gefühle fassen, sie geben an, worauf sich das Gefühl richtet, worauf es sich bezieht. Wie erwähnt, ist es ist vor allem dieser Aspekt der Gerichtetheit der Gefühle, der in der Literatur häufig mit dem Begriff der Intentionalität gekennzeichnet wird. Bloße körperliche Empfindungen dagegen, das ist eine zentrale These des Kognitivismus, lassen sich ohne intentionale Gerichtetheit beschreiben. Ich kann Kopfschmerzen haben, ohne diesen Schmerz mit irgendwelchen Überzeugungen von mir in Verbindung zu bringen. Ich kann ein Bad genießen, ohne glauben zu müssen, dass ein Bad genussvoll ist. Körperliche Empfindungen sind in dieser Hinsicht intentionalitätsfrei und bedürfen keiner kognitiven Komponenten. Sie haben natürlich kausale Ursachen, aber diese Ursachen reichen nicht aus, um aus diesen Empfindungen Gefühle zu machen.

Welche Phänomene glauben kognitivistische Ansätze besser erklären zu können als konkurrierende Ansätze? Einige Stichworte sollen hier analytisch auseinander ziehen, was in der Literatur häufig in einem geschlossenen Argumentationszusammenhang auftaucht.

– Gefühle lassen sich unter Bezugnahme auf kognitive Komponenten leichter identifizieren und differenzieren (1)
– Ihr rationaler Charakter bleibt ungeklärt, wenn sie nur als Empfindung begriffen werden (2)
– Die privatistischen Züge der introspektionistischen Methode lassen sich durch eine kognitive Analyse der Gefühle vermeiden (3)

— Wenn es stimmt, dass Gefühle intentionalistisch gedeutet werden müssen, dann lässt sich dieser Zug an ihnen nur kognitivistisch rekonstruieren (4)

1. Mit Blick auf den ersten Punkt sind schon einige Andeutungen gemacht worden. Wenn es stimmt, dass die gleichen organischen Reaktionen im Zusammenhang mit unterschiedlichen Gefühlen auftreten können, dann müssen wir offenbar, um die Gefühle überhaupt als unterschiedliche zu kennzeichnen, an anderen Stellen nach ihren identifizierenden Merkmalen suchen. Kognitive Komponenten bieten sich hier an: Wenn sich nachweisen lässt, dass ein beschleunigter Herzschlag sowohl bei furchtsamen als auch bei wütenden Reaktionen im Spiel ist, dann könnte man nach den Überzeugungen der gefühlsmäßig bewegten Person fragen, um das eine von dem anderen Gefühl zu unterscheiden. Die Person, die wir als »wütend« klassifizieren, würde in einem bestimmten Zusammenhang etwa sagen: »Jetzt hat mein Nachbar schon wieder die ganze Nacht über die Musik aufgedreht, das darf doch nicht wahr sein!« Die Person, der wir »Furcht« zusprechen würden, könnte sagen: »Mein Nachbar tritt immer wieder gewalttätig auf, ich muss hier ausziehen.« Der semantische Gehalt dieser Aussagen unterscheidet sich, und so können wir auch sagen, dass sich die mit diesen Aussagen verbundenen Überzeugungen und Annahmen unterscheiden. Die weitergehende These des Kognitivisten muss dann natürlich sein, dass die mit einer gefühlsmäßigen Reaktion verbundenen Überzeugungen je unterschiedlichen Gefühlen zugeordnet werden können. William Lyons etwa schreibt in einer Auseinandersetzung mit Anthony Kenny: »Gefühle werden nicht durch ihre Objekte oder Ziele spezifiziert, sondern durch das, was das Subjekt des Gefühls über diese Objekte oder Ziele *denkt*.« (1980, S. 48, Hervorhebung von Lyons) In dem Maße also, in dem wir die Gedanken einer gefühlsmäßig reagierenden Person kennen, können wir angeben, welches Gefühl sie gerade empfindet.

Es sei an dieser Stelle angemerkt, dass diese Position nicht ohne Probleme ist. So könnte beispielsweise die Aussage »Mein Nachbar tritt immer wieder gewalttätig auf, ich muss hier ausziehen« auch von einer wütenden Person geäußert werden (während es ungewöhnlich wäre, die zuerst genannte Äußerung über Musik mit Furcht zu assoziieren). Wir müssten vermutlich noch weitere Äußerungen dieser Person hinzuziehen, um in Erfahrung zu bringen, ob sie sich fürchtet oder wütend ist. Zwar könnten wir warten, bis die Person explizit sagt »Ich fürchte mich«, aber es ist relativ unplausibel, davon auszugehen, dass eine Person sich nur fürchtet, wenn sie das auch explizit sagt. Diese knappen Bemerkungen sollen nur darauf hinweisen, wie schwierig es möglicherweise ist, eine stabile Korrelation zwischen einzelnen Überzeugungen oder Überzeugungssystemen und einzelnen Gefühlen ausfindig zu machen. Hier ist vorerst nur wichtig, dass viele Autoren der Meinung waren (und sind), dass sich Gefühle unter Rückgriff auf die mit ihnen verbundenen Überzeugungen, Annahmen oder Urteile leichter differenzieren lassen als auf der Basis körperlicher Reaktionen.

2. Gefühle können vernünftig oder unvernünftig, angemessen oder unangemessen, gerechtfertigt oder ungerechtfertigt sein. Lange hat man gedacht, dass sie sich damit von körperlichen Empfindungen unterscheiden, aber dieser Unterschied ist in jüngster Zeit von phänomenologisch inspirierten Autoren zunehmend in Frage gestellt worden. Folgt man der alten Position, dann besitzen körperliche Empfindungen zwar ihre je eigene Kausalität und können selbst Auslöser von Handlungen sein, die als vernünftig oder unvernünftig, angemessen oder unangemessen, gerechtfertigt oder ungerechtfertigt bezeichnet werden, aber die Empfindungen selbst besitzen diese Eigenschaften nicht, sie sind einfach nur, was sie sind, sind vielleicht angenehm oder unangenehm, mehr aber auch nicht. Demgegenüber versucht man nun, Empfindungen eine intentionale, evaluative und eine motivationale Dimension zuzusprechen. So gehen manche Autoren (Slaby 2008, Kap. 6) davon aus, dass Schmerzen uns in bewertender Weise über den Zustand unseres Körpers oder einer Körperregion informieren, wobei diese Information unterschiedlich ausfallen kann. Es gibt stechenden Schmerz und »ruhigen«, kontinuierlichen Schmerz, es gibt angenehmeren und weniger angenehmen Schmerz. Schmerzen informieren uns gleichsam darüber, wie es um unseren Körper bestellt ist, und verleihen damit körperlichen Vorgängen Bedeutung.

Wenn Schmerzen auf diese Weise auf einen Gegenstand gerichtet sind (den eigenen Körper), dann stellt sich die Frage, ob sie auch falsch informieren können, und dieser Punkt ist, wenn ich recht sehe, auch in phänomenologischen Diskussionen eher unklar geblieben. Kann uns ein Schmerz falsch oder unangemessen über unseren Körper informieren (vielleicht der Phantomschmerz)? Kann ein Schmerz irrational sein? Vielleicht muss man hier auch zwei Formen der Intentionalität unterscheiden: Schmerzen haben tatsächlich eine eigene Intentionalität in dem Sinne, dass sie uns immer über den Zustand unseres Körpers oder einer spezifischen Körperregion informieren. Wenn Adorno an Nietzsche anschließt und schreibt: »Das leibhafte Moment meldet der Erkenntnis an, dass Leiden nicht sein soll, dass es anders werden solle. ›Weh spricht: vergeh.‹« (Adorno 1966, S. 203), dann verweist das darüber hinaus auf eine evaluative und motivationale Komponente im Schmerz. Gleichzeitig aber gibt es eine Art von Intentionalität, die den Empfindungen (und damit auch dem Schmerz) eher von außen zukommt. Was damit gemeint ist, kann man daran zeigen, dass wir scheinbar ähnliche körperliche Empfindungen unterschiedlich spüren, je nachdem, wie wir diese Empfindungen vor dem Hintergrund unseres Selbstverständnisses »deuten«. Um an ein Beispiel von Bennett Helm anzuknüpfen: Berührt uns ein Geliebter, ein Vergewaltiger oder ein Vorhang, dann spüren wir in jedem Fall etwas anderes (Helm 2002, S. 23 f.). Wenn Slaby (2008, S. 156) mit Bezug auf dieses Beispiel ausführt, dass »die grundlegende Natur einer Empfindung […] in zentralem Maße auch vom jeweiligen Hintergrundverständnis der fühlenden Person abhängt«, räumt er ein, dass die phänomenale Differenz der Empfindungen von diesem Hintergrundverständnis abhängt, das damit auch als Basis für die Bewertung dieser Empfindungen dient (das Streicheln des Geliebten ist angenehm, das des Vergewaltigers fürchterlich, das des Vorhangs angenehm oder unangenehm). Auch in diesem Sinne können Empfindungen also eine wertende Dimension besitzen, aber nicht an sich, sondern nur, weil sie sich diese wertende Dimension gewissermaßen leihen.

Trotzdem fällt es auch hier schwer zu verstehen, was es heißen sollte, dass die eigenen Empfindungen unangemessen sind. Könnte die Panik vor der Berührung des Vergewaltigers je unangemessen sein? Man kann sich kein »Hintergrundverständnis« vorstellen, das hier eine andere Bewertung und damit ein anderes Empfinden zuließe. Selbst wenn Empfindungen also intentional oder evaluativ sind, bleibt es sinnvoll, sie von Gefühlen im eigentlichen Sinne des Wortes zu trennen, denn dass Gefühle »rational« sind, heißt (etwas abweichend von sonstigen Verwendungen des Begriffs): Ihnen liegen kognitive Komponenten zugrunde, die sich auf Welt und Selbst beziehen und »Urteile« über Welt und Selbst fällen oder Welt und Selbst »repräsentieren«. Nur weil das der Fall ist, können uns Gefühle täuschen, können sie unvernünftig oder unangemessen sein. Manche Autoren gehen sogar so weit, Gefühle für wahrheitsfähig zu halten, so dass es auch unwahre Gefühle geben kann (de Sousa 2002). Wie immer man an dieser Stelle die kognitive Komponente bestimmt, sie muss in irgendeiner Form mit dem Gefühl verbunden sein, um die Rede von rationalen Gefühlen zu rechtfertigen. Kognitivistische Ansätze können den rationalen Kern der Gefühle besser einfangen als andere Ansätze.

3. Der dritte Punkt ist zum Teil mit dem ersten verbunden. Das Problem der Unterscheidbarkeit der Gefühle stellt sich nämlich nicht nur unter einer rein empfindungstheoretischen oder physiologischen Perspektive. Auch die von James bevorzugte introspektionistische Methode schien ja kein gutes Mittel zu sein, um Gefühle hinreichend voneinander abzugrenzen. Wenn das subjektive Erleben maßgeblich dazu beitragen soll, Gefühle zu unterscheiden, taucht die Frage auf, woher wir wissen können, dass das, was du Wut nennst, dem gleich ist, was ich Wut nenne. Gefühle drohen dieser Perspektive gemäß zu privaten Zuständen zu werden. Anders gesagt (vgl. Hartmann 2002, S. 196): Beschreibt man Gefühle als mehr oder weniger undifferenzierte Phänomene eines an sich selbst beobachtbaren Bewusstseinsstroms, dann besitzen sie zwar eine unhintergehbar subjektive Qualität mit einem eigenen Erfahrungsgehalt, aber dieser Erfahrungsgehalt wird sich nur schwer versprachlichen lassen, um so eine gewisse intersubjektive Überprüfbarkeit der je verwendeten Gefühlstermini zu gewährleisten. Kognitivistische Ansätze dagegen verbinden sich häufig mit einer sprachanalytischen Perspektive, die die Aufmerksamkeit auf die Tatsache lenkt, dass sich der intentionale oder repräsentationale Gehalt der Gefühle in die Form einer Proposition bringen lässt, also einer satzförmigen Aussage (Gordon 1987, S. 23–25). Wenn das stimmt, können wir viel über Gefühle lernen, indem wir untersuchen, wie wir über Gefühle reden oder welche Kriterien wir anwenden, um das eine Gefühl von dem anderen Gefühl zu unterscheiden. Um herauszufinden, was genau Furcht für uns bedeutet, könnten wir beispielsweise darauf achten, durch wel-

che dass-Sätze Satzanfänge der Art »Ich fürchte, dass...« ergänzt werden. Indem wir auf diese Weise etwas über die Gegenstände der Furcht erfahren, erfahren wir möglicherweise auch etwas über Furcht selbst. Wo sich der Kognitivismus also mit einer sprachförmigen oder propositionalen Analyse verbindet, scheint er in der Lage, das Reden über Gefühle aus den idiosynkratischen Fängen eines phänomenalen Bewusstseins befreien zu können.

4. (4) Der vierte Punkt, der die Frage nach der Intentionalität der Gefühle betrifft, lässt sich mit Bezug auf den zuletzt erläuterten Punkt erhellen. Es hieß nun schon mehrmals, Gefühle seien intentionale Phänomene, da sie sich auf Gegenstände richten. Was aber am Gefühl leistet dieses Richten? Durch welchen Faktor erhalten Gefühle ihre Gerichtetheit, ihre Bezogenheit auf Gegenstände? Der kognitivistische Ansatz gibt auf diese Frage eine Antwort, die nicht weiter überraschen kann: Es sind die Überzeugungen, die Urteile oder Bewertungen, die das Gefühl »richten«, die also seine Bezogenheit auf Welt gewährleisten. Intentionalität geht damit im Rahmen dieser Ansätze eine unmittelbare Verbindung mit den kognitiven Komponenten ein, die für Gefühle kennzeichnend sein sollen (Gordon 1987, S. 38). Es sei nur angemerkt, dass in diesem Zusammenhang natürlich viel an dem jeweils zugrunde gelegten Konzept von Kognition hängt. Wenn man beispielsweise davon ausgeht, dass jede Form von Kognition sprachlich strukturiert ist, dann könnte das implizieren, dass sich Kleinkinder, die über keine Sprache verfügen, nicht intentional auf Gegenstände richten können und damit auch ohne Gefühle auskommen müssen. Das allerdings scheint eine äußerst unplausible These zu sein (Deigh 1994, S. 827). Grundsätzlich gilt es festzuhalten, dass die Zuschreibung von Intentionalität häufig auf der Basis kognitivistischer Annahmen vollzogen wird.

Damit sind nun einige Gründe geliefert worden, die für die Attraktivität kognitivistischer Ansätze sprechen. Sie scheinen schlicht besser geeignet, die Komplexität gefühlsmäßiger Zustände zu beschreiben. In einem nächsten Schritt können nun einige dieser Ansätze genauer unter die Lupe genommen worden. Das ist zum einen nötig, weil es im Rahmen dieser Ansätze keinesfalls eine einheitliche Bestimmung der kognitiven Komponente gibt; zum anderen gehen kognitivistische Ansätze in den meisten Fällen nicht davon aus, dass sich Gefühle in Überzeugungen, Urteilen oder Bewertungen erschöpfen. Sie stellen, mit anderen Worten, durchaus noch eine Beziehung zu den mit Gefühlen verbundenen Empfindungen her, unterscheiden sich aber zum Teil erheblich in der genaueren Bestimmung dieser Beziehung. Um die Darstellung zu erleichtern, soll im Folgenden zwischen »intentionalen« und »nicht-intentionalen« Elementen von Gefühlen unterschieden werden (so auch Green 1992, S. xii). Die Darstellung soll chronologisch einige der wichtigsten kognitivistischen Gefühlstheorien vorstellen. Es geht dabei zunächst nur darum, das breite Spektrum dieser Interpretationen vorzustellen, auch wenn keinesfalls eine Vollständigkeit des Überblicks möglich ist. Kritik wird an einzelnen Stellen artikuliert, bleibt aber zunächst intern; erst in späteren Abschnitten werden Positionen vorgestellt, die den Kognitivismus insgesamt anfechten.

Sprache als Ausgangspunkt

»Wie werden Gefühle definiert?« – so lautete eine der oben genannten Fragestellungen. Die folgenden Überlegungen stellen einige Antworten auf diese Frage vor. Kognitivistisch orientierte Gefühlstheorien bemühen sich in der Regel um eine Angabe der für eine Definition der Gefühle notwendigen und hinreichenden Aspekte oder Elemente. Zu den Elementen, die dabei zumeist eine große Rolle spielen, gehören die bereits genannten kognitiven Elemente (Überzeugungen, Wertungen, Urteile), aber auch voluntative Elemente (Wünsche) und physiologische Elemente (körperliche Reaktionen). Die kognitiven und die voluntativen Elemente gehören zum Bereich der Intentionalität, die physiologischen gehören dem nicht-intentionalen Bereich an. Die voluntativen Elemente sind bisher noch nicht ausführlicher diskutiert worden. Sie werden dem intentionalen Bereich zugeordnet, weil man davon ausgeht, dass Wünsche wie Überzeugungen eine Richtung haben und darauf zielen, dass etwas der Fall ist. Indem ich etwas wünsche oder begehre, ziele ich darauf, mich in ein bestimmtes Verhältnis zu dem erwünschten oder begehrten Gegenstand zu setzen. Manche Autoren gehen nun in einem weiteren Schritt davon aus, dass sich der Gegenstand des Wunsches propositional ausformulieren lässt: »Hans wünscht sich, dass der Kuchen gleichmäßig verteilt wird.« Hier läge folglich eine weitere Parallele zu Überzeugungen oder anderen propositionalen Einstellungen.

Es ist schwierig, den kognitivistischen Ansätzen eine Methode zuzusprechen. Aber es kann nicht überraschen, dass diese Ansätze, zumindest in ihren philosophischen Varianten, introspektionistische und physiologische Verfahren der Gefühlsanalyse größtenteils ausschließen. Sie berufen sich stattdessen im Wesentlichen auf sprachlich artikulierte Weisen des Gefühlsausdrucks, die sie entweder selbst in Form von »erfundenen« Äußerungen, Dialogen oder Geschichten gewinnen – Richard Wollheim spricht in diesem Zusammenhang von der »anekdotischen Methode« (2001, S. 48 ff.) – oder aber unter Bezug auf alltagssprachliche Redeweisen rechtfertigen. Üblich sind auch Verfahren der Begriffsanalyse, wie sie etwa Kenny empfohlen hat. Um herauszufinden, was Neid ist, müssen wir den Begriff »Neid« in seinen verschiedenen Verwendungsweisen und in seiner spezifischen »Grammatik« untersuchen.

Was die alltagssprachlichen Redeweisen betrifft, lässt sich beobachten, dass manche Autoren sie für korrekturbedürftig halten (etwa Solomon 1993, S. xv), während andere nur explizit machen wollen, was wir im alltäglichen Umgang mit Gefühlen mehr oder weniger unbewusst tun und wissen (so Gordon 1987, S. 20). Ein solcher Unterschied in der Beurteilung des Status der Alltagssprache ist natürlich nicht unerheblich. So sollte sich ein Zugang, der unserem alltäglichen Verständnis von Gefühlen Verworrenheit oder gar Unverantwortlichkeit vorwirft (Solomon 1993, S. xv), darum bemühen, diese Züge zu erklären. Woran könnte es liegen, dass wir unsere Gefühle und damit möglicherweise auch uns selbst falsch verstehen? Kognivistische Ansätze verfügen in der Regel gar nicht über die Mittel, diese Sachverhalte zu klären, da sie aus methodischen Gründen auf psychologische, soziologische oder historische Einsichten verzichten. Andererseits übersehen Zugänge, die einfach nur beanspruchen, unsere alltäglichen Sprachpraktiken zu rekonstruieren, häufig, dass sie nicht unsere alltäglichen Sprachpraktiken rekonstruieren, sondern das, was sie dafür halten. So dienen die in diesen Zusammenhängen zitierten Beispielsätze zumeist nur dazu, die eigenen theoretischen Annahmen zu stützen. Tritt dieser Fall ein, lässt sich der Verdacht kaum ausräumen, dass die vermeintlich alltäglichen Sprachbeispiele einer theoriegeleiteten Konstruktion entspringen. Natürlich kann es sein, dass wir auch in unserem Alltagsverständnis von Gefühlen über eine rudimentäre Theorie verfügen. Wir erklären oder antizipieren bestimmte Handlungen durch den Verweis auf Gefühle, wir suchen nach den Ursachen unserer Wut, wir streiten über die moralische Verwerflichkeit von Neid etc. Die philosophische Theorie beansprucht für sich, so könnte eine Position lauten, diese rudimentäre Theorie präzise und allgemein nachvollziehbar zu artikulieren. Aber wie immer man diese Position beurteilt, es dürfte schnell einleuchten, wie schwierig es ist, den Nachweis zu erbringen, dass die philosophische Theorie tatsächlich nur das Alltagsverständnis artikuliert, ohne dabei schon die eigenen theoretischen Annahmen vorauszusetzen.

Es wird hilfreich sein, das folgende Material ein wenig zu ordnen. Um das zu tun, sollen einige der Elemente, die in den zu diskutierenden Definitionen eine besonders hervorgehobene Rolle spielen, als Ordnungskriterien dienen. Wir erhalten dann Ansätze, die man als rein kognitivistisch (1) deuten kann, Ansätze, in denen neben den kognitiven Elementen die physiologischen Momente betont werden (2), Ansätze, die den voluntativen Faktor hervorheben (3), Ansätze, die man als phänomenologisch (4) bezeichnen kann, sowie Ansätze, die Gefühle mit Sinneswahrnehmungen vergleichen (5). Rein kognitivistische Ansätze versuchen Gefühle von Empfindungen (*sensations*) zu differenzieren und verweisen deswegen auf ihren kognitiven Gehalt, der in Form von Überzeugungen, Bewertungen, Gedanken oder Urteilen auftritt. Physiologische Ansätze gehen davon aus, dass zusätzlich zu den kognitiven Elementen auch ein gewisses Maß an körperlicher Erregung gefühlsbestimmend ist. Voluntative Ansätze konzentrieren sich auf den für Gefühle angeblich zentralen Aspekt der Wünsche; phänomenologische Ansätze beschreiben an Gefühlen ein phänomenales Erleben, das nicht auf Wünsche, Überzeugungen oder körperliche Reaktionen reduziert werden kann, da es einen eigenen, nur schwer zu artikulierenden Status besitzt; wahrnehmungsorientierte Ansätze schließlich ziehen einen Vergleich zwischen Gefühlen und visuellen Sinneseindrücken.

Diese Ordnungskriterien sollen natürlich nicht suggerieren, dass die hervorgehobene Rolle einzelner Elemente der jeweiligen Gefühlsdefinition alle anderen Elemente in den Hintergrund stellt. Die meisten Theorien bestehen aus mehreren Elementen, die in ihrem Zusammenspiel untersucht werden. Wenn in diesem Zusammenhang trotzdem Ordnungskriterien eingeführt werden, dann erfolgt das ausschließlich aus Darstellungszwecken. Auf diese Weise werden Gewichtungen vorgenommen, die ein fiktives Gespräch zwischen den verschiedenen Ansätzen etablieren und so die Orientierung erleichtern. Darüber hinaus wird deutlich, dass einige der so abgegrenzten Gefühlstheorien eng miteinander verwandt sind. Das gilt etwa für den reinen Kognitivismus und die Wahrnehmungstheorien. Hier gilt, dass die Unterschiede oft genug solche der Nuancierung sind. Wie gewichtig diese Nuancierungen sind, wird sich jeweils zeigen müssen.

Der reine Kognitivismus

Charlie Dunbar Broad

Der in Deutschland kaum bekannte englische Philosoph Charlie Dunbar Broad (1887–1971) hat in einem Aufsatz aus dem Jahr 1954 Gefühle direkt als »Kognitionen« bezeichnet, da sie mit diesen die Eigenschaft teilen, sich auf etwas zu richten. Kognitionen wiederum sind für Broad eine Teilklasse der umfassenderen Klasse der »Erfahrung«, zu der neben Kognitionen noch die bloßen oder »reinen« Empfindungen gehören (*pure feelings*). Diese zeichnen sich dadurch aus, dass sie sich nicht auf ein Objekt richten. Broad denkt hier beispielsweise an Müdigkeit: »Fühlt man sich müde, dann fühlt man sich *auf eine bestimmte Weise*; man ist sich aber nicht eines bestimmten, sei es realen oder fiktiven, Objekts bewusst.« (Broad 1954, S. 203, Hervorhebung von Broad) Broads »emotions« dagegen sind Kognitionen, richten sich auf Objekte und unterscheiden sich damit deutlich von bloßen Empfindungen. Entscheidend für Broad ist nun aber folgende Überlegung: Emotionen in seinem Sinne sind nicht bloß Kognitionen. Vielmehr kommt ihnen noch eine psychische Qualität zu, die als »emotionaler Ton« (*emotional tone*) bezeichnet wird (ebd., S. 205). Broad liefert das Beispiel der Furcht vor einer Schlange: »Sich vor einer Schlange zu fürchten […], heißt, etwas – korrekt oder inkorrekt – als Schlange zu denken; und dieser Denkakt trägt den Ton der Furcht an sich.« (Ebd., S. 205) Broad expliziert nicht, ob er »Ton« eher im musikalischen oder im farblichen Sinne meint, aber wenn wir Letzteres annehmen, können wir sagen, dass seiner Theorie gemäß Emotionen »Färbungen« sind, dass sie mithin aus so oder so »eingefärbten« Kognitionen bestehen. Um einen weiteren Beispielsatz von

Broad heranzuziehen: »X zu bewundern, heißt, X *auf bewundernde Weise* zu denken.« (Ebd., S. 205, Hervorhebung von M.H.)

Es liegt nun nahe, diesen emotionalen Ton als das nichtintentionale Element der Broadschen Gefühlsdefinition zu begreifen, während die Bezogenheit der Gefühle auf Objekte ihren intentionalen Gehalt ausmacht. Um das so sagen zu können, müssten wir aber mehr über diesen »Ton« erfahren. Dass Gefühle unsere Wahrnehmungen einfärben, ist eine metaphorische Redeweise, die vor allem in solchen Diskussionskontexten vermehrt auftaucht, in denen Gefühle entweder als Wahrnehmungen oder als wahrnehmungsanalog betrachtet werden. Gefühle sind dann das, was unsere Wahrnehmungen so oder so einfärbt, was ihnen eine dunkle oder helle, eine schwache oder eine intensive Tönung gibt. Wie sinnvoll diese metaphorische Redeweise ist, soll hier noch nicht erörtert werden. Anzumerken ist vorerst nur, dass Broad Gefühle ja nicht als Wahrnehmungen, sondern als Kognitionen bezeichnet, so dass wir es hier mit dem Bild eingefärbter Gedanken oder Intentionalitäten zu tun haben. Vielleicht ist dieses Bild schon als solches nicht einleuchtend; aber selbst wenn wir es akzeptieren, bleibt die Frage, wie Gefühle Gedanken zu färben vermögen. Welche Eigenschaft an ihnen ist es, die diese Leistung vollbringt?

Broad verbindet seine Rede vom emotionalen Ton an keiner Stelle mit physiologischen Reaktionen, so dass dieses nichtintentionale Element ausgeschlossen werden muss. Was aber bleibt dann übrig? Die Schwierigkeit, die an dieser Stelle auftaucht, hat etwas mit Broads Weigerung zu tun, seine Konzeption des emotionalen Tons genauer zu explizieren. Man hat seiner Definition der Gefühle ohnehin eine gewisse Zirkularität vorgeworfen (Green 1992, S. 62). Gefühlsmäßige Kognitionen unterscheiden sich von nicht-gefühlsmäßigen Kognitionen durch die Anwesenheit eines gefühlsmäßigen Tons. Das ist in der Tat zirkulär, da wir ja gerade in Erfahrung bringen wollen, wodurch sich Gefühle im Besonderen auszeichnen. Broad ist aber der Auffassung, dass wir diesen emotionalen Ton nicht weiter definieren können, obgleich wir gut mit ihm vertraut sind (Broad 1934, S. 229). Damit teilt er untergründig einen wesentlichen Zug mit dem Introspektionismus von James, der ja auch auf eine genauere Spezifikation der Gefühle in ihrer individuierenden Differenz verzichtet und, seiner Methode gemäß, verzichten musste. Doch diese Rückzugsposition ist sowohl für diejenigen unbefriedigend, die meinen, man müsse mehr über Gefühle sagen als bloß, dass sie sich auf eine undefinierbare Weise unterschiedlich anfühlen, als auch für diejenigen, die im Anschluss an Wittgenstein davon ausgehen, dass die Existenz privater Zustände ohne die Möglichkeit der Manifestation dieser Zustände unmöglich ist (Kenny 2003, S. 43). Spätere Ansätze des Kognitivismus sind auch aus diesen Gründen über Broads Definition der Gefühle hinausgegangen. Ihnen blieb die Rede von Kognitionen und auch die Metaphorik vom emotionalen Ton zu unspezifisch.

Und doch gibt es einen Aspekt an Broads Ansatz, der noch immer Aufmerksamkeit verdient. Die Rede vom emotionalen Ton könnte die Existenz einer eigenständigen Bewertungsinstanz im Menschen signalisieren, die sich nicht auf Kognitionen oder volitionale Elemente wie Wünsche reduzieren lässt. Es gibt dieser Rede gemäß gewissermaßen eine nicht näher spezifizierte »färbende« Kraft im Menschen, die als eigenständige Bewertungsinstanz Kognitionen und Wünsche beeinflusst oder sogar mit ihrer Wertung infiziert. Wir bewundern jemanden nicht, weil wir über bestimmte, kognitiv spezifizierbare Annahmen mit Blick auf seine bewundernswerten Eigenschaften verfügen, sondern weil wir ihn ohnehin immer schon im Lichte oder in der Farbe eines positiven Gefühls wahrgenommen haben. Der Ton des Gefühls verfügt dann über seine eigene Intentionalität, er richtet sich auf seine Weise auf Objekte oder Personen, und es könnte sein, dass wir überhaupt erst auf der Basis eines solchen Gefühls zu bestimmten Annahmen über die bewundernswerten Eigenschaften einer Person gelangen.

Es sei nicht nahe gelegt, dass Broads Position damit angemessen beschrieben worden ist. Aber es gibt Autoren, die Broads Konzept des emotionalen Tons benutzt haben, um die Existenz einer Instanz zu postulieren, die sich »auf eine eigene Weise« auf Welt bezieht (Steinfath 2001, S. 162), also nicht in der Weise von Überzeugungen, Wünschen oder anderen mentalen Instanzen. Dieser Punkt ist wichtig, da nicht wenige Gefühlsdefinitionen darauf hinauslaufen, Gefühle entweder mit kognitiven Elementen oder aber mit physiologischen Elementen in Verbindung zu bringen oder zu identifizieren. Broads Rede vom emotionalen Ton dagegen insistiert auf dem unabhängigen mentalen Status der Gefühle. Sie beziehen sich auf Kognitionen, sie färben diese ein, aber sie sind nicht mit Kognitionen in eins zu setzen. Es bleibt dann zwar die schwierige Frage nach der genaueren Charakterisierung dieser »färbenden« Instanz, aber diese Frage wird zum Teil mit guten Gründen als unsachgemäß zurückgewiesen. Klar scheint nur zu sein, dass der wertende »Ton«, der die Kognitionen einfärbt, selbst nicht kognitivistisch entschlüsselt werden kann, so dass es am Ende sogar schwer fallen mag, Broads Ansatz überhaupt als kognitivistisch einzustufen. Diese Schwierigkeit tritt zumindest dann auf, wenn man davon ausgeht, dass die spezifische Differenz zwischen Kognitionen und Gefühlen im dem erwähnten emotionalen Ton gesucht werden muss. Dieser Ton scheint dann das zu sein, was aus einer Kognition überhaupt erst ein Gefühl macht.

Broads Ansatz eignet sich gut als Einstieg in die Diskussion kognitivistischer Gefühlsdefinitionen, weil er gewissermaßen noch mit groben Begriffen arbeitet, die von späteren Bestimmungsversuchen zunehmend verfeinert werden. So spricht Broad von Kognitionen, ohne deutlich zu machen, ob er dabei an Überzeugungen, Urteile oder Wertungen denkt. Auffällig ist auch, dass er, ganz im Gegensatz zu James, Gefühlen offenbar keine physiologische Seite zubilligt. Zumindest hält er diese Seite nicht für wesentlich.

Robert C. Solomon

Damit kann ein zweiter rein kognitivistischer Ansatz vorgestellt werden. Robert C. Solomon zählt zu den Autoren, die besonders eng mit der Bezeichnung Kognitivismus in der Gefühlstheorie verbunden sind, da er Gefühle mit Urteilen gleichsetzt:

»Ein Gefühl«, so Solomon, »ist ein Urteil (*judgment*) [...], etwas, was wir *tun*. Ein Gefühl ist ein [...] Urteil, das unsere Welt konstituiert. [...] Deswegen sind unsere Gefühle so abhängig von unseren Meinungen und Überzeugungen. [...] Ich kann nicht wütend sein, wenn ich nicht glaube, dass mir jemand Unrecht getan oder mich beleidigt hat. [...] Meine Traurigkeit, mein Kummer und mein Leiden *sind* Urteile unterschiedlicher Heftigkeit, die sich auf einen von mir erlittenen Verlust beziehen. Ein Gefühl ist ein evaluatives (oder normatives) Urteil, ein Urteil über meine Situation und über mich und/oder andere Leute.« (1993, S. 125–126, Hervorhebungen von Solomon)

Solomon hat diese Überlegungen ergänzt durch eine klare Abwertung der physiologischen Seite von Gefühlen. Zwar kann es sein, so Solomon, dass Gefühle sich »manchmal« in spezifischen Empfindungen oder in einer spezifischen Form des Verhaltens manifestieren, aber diese Manifestationen der Gefühle, diese spürbaren oder sichtbaren Folgen der Gefühle sind nicht das, was Gefühle konstituiert (ebd., S. 100). Es sieht also auf den ersten Blick so aus, als läge bei Solomon auf der Seite der Intentionalität nur eines der oben genannten Elemente vor, nämlich das kognitive. Das voluntative und das – nicht-intentionale – physiologische Element fehlen. Gefühle sind Urteile.

Doch dieser Eindruck täuscht, und Solomon hat ihn später selbst korrigiert. Entscheidend ist vorerst allerdings die Frage, was Solomon genau unter »Urteil« versteht. So wie der Begriff »Urteil« in philosophischen Kontexten auftaucht, ist damit häufig eine Art wertbesetzte oder wertsetzende Zuschreibung gemeint. Wir beurteilen etwas als gut oder schlecht, als schön oder hässlich. Deutet man Urteile in diesem Sinne, dann leuchtet schnell ein, dass viele der Urteile, die wir tagtäglich fällen, gänzlich ohne Gefühl bleiben. Solomon muss dann aber angeben, wodurch sich die Urteile, die Gefühle konstituieren, von anderen Urteilen unterscheiden. Der Hinweis, dass es sich bei Gefühlen um »evaluative« Urteile handelt, bringt an diesem Punkt noch keine Klarheit, da auch das Urteil »Das ist ein miserabler Fernseher« eine bewertende Komponente enthält, ohne aber notwendig mit Gefühlen einherzugehen. Deswegen wohl spricht Solomon in *The Passions* auch von »intensiven« evaluativen Urteilen oder von Urteilen, in denen es »um einen selbst geht« oder die uns »besonders wichtig« sind (ebd., S. 127). Allerdings sind das zunächst nicht gerade Umschreibungen, die auf plausible Weise zusammenhängen. Die Rede von der »Intensität« eines Urteils scheint diesem eine phänomenale Qualität zuzusprechen oder, in der Sprache der Philosophie des Geistes, ein Quale. Ein Quale ist der qualitative Eindruck, der mit einer Empfindung verbunden ist. Sprachen wir vom Quale einer Empfindung, dann meinen wir die Art und Weise, wie es ist, diese Empfindung zu haben, die Art und Weise, wie sie sich anfühlt. Für Solomon heißt das: Urteile fühlen sich dann so oder so an, sind blass oder aufwühlend, schwach oder stark etc. Aber solange der Urteilsbegriff nicht genauer geklärt ist, bleibt diese Rede doch etwas unglücklich, da Qualia typischerweise eher (Sinnes-)Empfindungen zugesprochen werden. Dass sich ein Urteil auf mich selbst bezieht, offenbart etwas über die Referenz des Urteils, aber es scheint wenig plausibel zu sein, allein in diesem Faktum die Gefühlsqualität des Urteils ausmachen zu wollen. Nicht jedes Urteil, das sich auf mich selbst bezieht, ist ein Gefühlsurteil. Hält man ein Urteil wiederum für »wichtig«, spricht man ihm so etwas wie eine evaluative Qualität zu. Aber was soll es heißen, dass ein Urteil als Urteil »wichtig« ist? Was in einem Urteil auf dem Spiel steht, hängt von dem Phänomen ab, das beurteilt wird, mithin von dem Kontext, in dem das Urteil gefällt wird. Dem Urteil an sich ist damit noch nicht anzusehen, ob es wichtig ist oder nicht.

Solomon hat diese Fragen nicht geklärt, so dass noch immer offen ist, wodurch ein Urteil besonders intensiv oder wichtig wird. Unbestritten scheint vorerst allerdings zu sein, dass sich diese Fragen nicht unter Bezug auf die bloße Urteilsform beantworten lassen. Wie wichtig das Urteil »Das ist ein miserabler Fernseher« ist, kann ich erst dann in Erfahrung bringen, wenn ich etwas über die Person weiß, die dieses Urteil gefällt hat. Dann aber kann es nicht richtig sein, dass Gefühle in Urteilen aufgehen, dass sie Urteile sind. Solomon hat diesen Sachverhalt selbst erkannt und in einem späteren Text eingeräumt, Gefühle setzten sich aus Urteilen und aus »Wünschen« (*desires*) zusammen (Solomon 1980, S. 276), aber wenn das der Fall ist, wird fragwürdig, ob die Aussage, Gefühle seien Urteile, aufrechterhalten werden kann. Zumindest wird es nun nötig, etwas mehr über Wünsche zu sagen. In welchem Sinne, so muss die Frage lauten, machen Wünsche aus einem Urteil ein wichtiges und damit gefühlskonstitutives Urteil?

Es finden sich wenige Äußerungen über Wünsche in Solomons Gefühlstheorie, so dass zunächst einige Überlegungen eingeschoben werden müssen, die unabhängig von Solomon sind, zugleich aber auf die Gefühlsproblematik zugeschnitten bleiben. Schon ein kurzer Blick auf die Literatur zeigt, dass hier in drei Hinsichten von Wünschen die Rede ist. Zum einen werden Wünsche bei manchen Autoren als genetische Voraussetzung von Gefühlen gedeutet, wobei es vor allem auf die Tatsache (oder die vermutete Tatsache) ihrer Erfüllung oder Nichterfüllung ankommt. Mit anderen Worten, wird ein Wunsch von mir durchkreuzt, reagiere ich unter bestimmten Umständen verletzt oder sauer oder wütend; geht ein Wunsch von mir in Erfüllung, reagiere ich beglückt oder euphorisch oder verliebt. In diesem Sinne sind Wünsche eine Voraussetzung für das Zustandekommen von Gefühlen (Wollheim 2001). Andere Autoren gehen davon aus, dass sich aktuelle Gefühle aus kognitiven und voluntativen Elementen zusammensetzen. Um mich vor einem Hund zu fürchten, muss ich nicht nur glauben, dass er gefährlich ist, ich muss auch den Wunsch haben, nicht von ihm gebissen zu werden (Marks 1982, S. 232f.). Damit das Gefühl der Furcht zustande kommen kann, muss der Wunsch, nicht von dem Hund gebissen zu werden, weder erfüllt noch durchkreuzt werden, es reicht vielmehr, dass ich diesen Wunsch habe. Eine dritte Hinsicht schließlich lässt Wünsche gleichsam aus Gefühlen hervorgehen. Deswegen spricht man in diesem Zusammenhang gelegentlich auch von »sekundären« Wünschen (Green 1992, S. 78). Ein Gefühl wie Furcht kann mich dazu motivieren, vor dem gefürchteten Gegenstand oder Lebewesen wegzulaufen. Wünsche lassen sich dann als Handlungsimpulse begreifen, die mit bestimmten Gefühlen verbunden sind oder aus diesen Gefühlen hervorgehen (Landweer 1999, S. 15f.).

Losgelöst von diesen in der Literatur nicht immer sehr deutlich unterschiedenen Hinsichten lassen sich weitere Aspekte von Wünschen erwähnen. Wünsche geben einem Lebewesen Ziele vor, die es genau dann erreichen oder verwirklichen will, wenn ihm diese Ziele wichtig sind. Dieser Zusatz muss erfolgen, da wir, darauf hat vor allem Harry Frankfurt immer wieder hingewiesen, nicht alle unsere Wünsche für wichtig halten (Frankfurt 2005, S. 16). Wünsche sind auch nicht selbst wertsetzend, das heißt, Wünsche statten den gewünschten Gegenstand nicht per se mit den Eigenschaften aus, die ihn für uns erstrebenswert machen (Steinfath 2001, S. 108–111). Eher verhält es sich so, dass wir etwas wünschen, weil wir es für wertvoll oder gut halten. Wünsche richten uns gewissermaßen auf bestimmte Ziele aus, sie »sensibilisieren« uns für bestimmte Aspekte der Welt (Wollheim 2001, S. 75), und wenn wir das vom Wunsch Gewünschte für wichtig halten, könnte es sein, dass sie zu einer vollständigen Definition der Gefühle dazu gehören, da sich in einigen der komplexeren Gefühle immer auch unsere Angewiesenheit auf eine unseren Wünschen und Absichten entgegenkommende Welt und Mitwelt manifestiert.

Solomon lehnt sich bei seiner Verwendung des Wunschbegriffs zunächst an die zweite der eben differenzierten Hinsichten an. Um »intensive« Urteile angemessen zu beschreiben, sollten wir in irgendeiner Weise auf Wünsche Bezug nehmen. Um Wünsche nun allerdings angemessen in die Gefühlsthematik einzuführen, müssen wir, das folgt aus den zusätzlich genannten Aspekten, nicht nur wissen, welche Wünsche eine Person hat, wir müssen auch wissen, ob ihr diese Wünsche wichtig sind, wenn wir in Erfahrung bringen wollen, ob ein von dieser Person gefälltes Urteil »intensiv« ist. Solomon hat diesen Punkt vermutlich im Blick, wenn er schreibt, das Urteil im Gefühl ziele auf »meine Situation«, da er davon ausgeht, dass mir in der Regel an meiner Situation etwas liegt.

Noch deutlicher wird das, wenn er an einigen Stellen suggeriert, es gehe bei Gefühlen stets um die Stärkung der Selbstachtung (Solomon 1993, S. XVIII). Aber wie immer es sich hiermit auch verhält, um etwa Wut von einer bloßen neutralen Stellungnahme zu unterscheiden, müssen wir nicht das »wütende« Urteil explizieren, sondern die persönlichen und situativen Elemente, die gleichsam im Hintergrund des Urteils stehen. Wünsche spielen hierbei eine gewisse Rolle, auch wenn bisher immer noch nicht deutlich geworden ist, wie denn ein Wunsch von uns zu einem wichtigen Wunsch wird.

Mit Blick auf Solomon kommen weitere Schwierigkeiten hinzu. Letztlich haben wir ja immer noch nicht sehr viel über seinen Urteilsbegriff erfahren. Bis jetzt könnte es so scheinen, als hätten wir es bei Urteilen mit sprachlich artikulierten, bewussten Phänomenen zu tun. Solomon selbst erschwert nun die Lage, wenn er einen weiteren Versuch unternimmt, sein Verständnis von Urteilen zu erhellen. Dort heißt es etwa, Urteile könnten unbewusst und unartikuliert sein, sie könnten aber auch bewusst und artikuliert sein; ferner heißt es, sie könnten episodisch bleiben, aber auch dauerhafte Urteile seien möglich (Solomon 2003, S. 10f.). Damit sind für Solomon offenbar alle Verhaltensweisen Urteile, in denen wir Dinge, Wahrnehmungen oder Propositionen bewerten. Selbst der Körper kann nun »vorsprachliche« Urteile fällen und nimmt mit seinen spürbaren Empfindungen gleichsam Stellung zur Welt (ebd., S. 16). Fühle ich mich in einer Situation behaglich, dann ist das ein Urteil, das mein Körper fällt. Was sich hier andeutet, ist eine Ausweitung des Urteilsbegriffs, die ihn nahezu jeder semantischen Begrenzung beraubt. Darüber hinaus geht Solomon dazu über, den Urteilsbegriff analytisch so eng mit Gefühlen in Verbindung zu bringen, dass Gefühle überall dort im Spiel sind, wo wir uns wertend zu unserer Umwelt oder zu uns selbst verhalten. War das ursprüngliche Problem, in Erfahrung zu bringen, wodurch sich Urteile des Gefühls von anderen Urteilen unterscheiden, so taucht nun die Frage auf, ob es überhaupt noch Urteile gibt, die ohne Gefühl auskommen. Diese Unklarheit ließe sich vielleicht beseitigen, wenn man annimmt, alle unsere Wertungen hätten ihren Ursprung in Gefühlen, so dass Gefühle als eigenständige Quelle eines wertenden Weltbezugs begriffen werden müssen, aber diese anspruchsvolle These wird von Solomon nicht ernsthaft diskutiert. Der Punkt bleibt deswegen vorerst ungeklärt. Hinzugefügt sei an dieser Stelle noch, dass Solomon auf der Basis seiner Urteilstheorie auch nicht recht erklären kann, wie sich Gefühle voneinander differenzieren lassen. Das Urteil »Das ist ein miserabler Fernseher« kann Wut ausdrücken, es kann aber auch, äußert man es gegenüber dem Besitzer des Fernsehers, Verachtung oder Traurigkeit ausdrücken. Ohne einen phänomenalen oder physiologischen Gehalt und ohne Bezug auf die Situation der Äußerung scheint es schwierig zu sein, Gefühle zu individuieren.

Solomons Theorie macht darauf aufmerksam, wie schwierig es ist, Gefühle hinreichend zu definieren, wenn nur das kognitive Element benannt wird, nicht aber weitere Elemente. Andere Ansätze haben dagegen von Anfang an die physiologische und/oder die voluntative Seite in ihren Definitionen berücksichtigt.

Kognitionen und Körper

Stanley Schachter und Jerome E. Singer

Andere Ansätze setzen Gefühle in der Regel aus einer genauer spezifizierten kognitiven und einer physiologischen Seite zusammen und fragen dann, ob damit tatsächlich alle Elemente abgedeckt sind, die für Gefühle definitionsbestimmend sind. In einem weiteren Schritt wird die Frage gestellt, wie sich die angenommenen Elemente zueinander verhalten. Besonders einflussreich ist ein Artikel aus dem Jahre 1962 geworden, der im Rahmen der experimentellen Psychologie eine Überlegung aufgreift, die im Zusammenhang mit der Kritik Cannons an James bereits aufgetaucht ist. Cannon hatte ja die These vertreten, dass die physiologischen Reaktionen, die mit Gefühlen in Verbindung gebracht werden, nicht hinreichend sind, um Gefühle zu individuieren. Wenn das aber so ist, taucht die Frage auf, wodurch sich denn Gefühle voneinander unterscheiden lassen. Die Antwort des Kognitivismus ist bekannt: Es sind kognitive Elemente, die aus Furcht Furcht machen und aus Wut Wut. Stanley Schachters und Jerome Singers Artikel »Cognitive, Social, and Physiological Determinants of Emotional State« (1962) hat dazu beigetragen, diese Sicht der Dinge zu bestätigen, und zwar vor allem, weil ihr Nachweis experimenteller Natur war und damit, so schien es, den Status empirischer Verifikation für sich beanspruchen konnte.

Folgende experimentelle Anordnung steht im Hintergrund ihrer Theorie: Einer Reihe von Probanden wird erzählt, man habe vor, die Wirkung eines Vitaminpräparats auf die Wahrnehmung zu testen. Dazu müsse man das Präparat mit einer Spritze injizieren, was allerdings keine ernsthaften gesundheitlichen Konsequenzen nach sich ziehen werde. Stimmen die Probanden der Injektion zu, erhalten sie in Wirklichkeit eine bestimmte Menge an Adrenalin. Adrenalin kann ein Zittern der Hände, einen verstärkten Herzschlag und ein Erhitzen des Gesichts zur Folge haben. Dies wird den Probanden nicht offenbart. Noch bevor die Probanden die Injektion durch einen Arzt erhalten, erläutert man ihnen die möglichen Wirkungen der Injektion. Hier kommt es nun zu einer Differenzierung in vier Gruppen: Der einen Gruppe wird berichtet, dass das vermeintliche Vitaminpräparat genau die Wirkung haben wird, die Adrenalin de facto hat – wir haben es hier mit der informierten Gruppe zu tun; der anderen Gruppe wird nichts gesagt, nach der Injektion erwähnt der Arzt lediglich, dass die Injektion keine Nebenwirkungen haben werde – deswegen handelt es sich hier um die nicht-informierte Gruppe; einer weiteren Gruppe wird eine falsche Wirkung beschrieben, so dass von einer falsch informierten Gruppe gesprochen werden kann; schließlich gibt es eine Gruppe, die ein Placebo erhält, ansonsten aber ohne weitere Informationen bleibt und insofern der nicht-informierten Gruppe gleichzusetzen ist.

Nachdem der Arzt den Raum verlassen hat, betritt der Leiter des Experiments in Begleitung einer anderen Person wieder den Raum. Die andere Person wird als ein Proband vorgestellt, der ebenfalls die Injektion erhalten hat. Der Leiter des Experiments gibt nun an, man werde 20 Minuten warten, bis die injizierte Substanz in den Blutkreislauf gelangt sei, und verlässt dann den Raum. Die andere Person ist in Wirklichkeit ein Mitarbeiter des Experiments und fängt nun durch vorher genau abgesprochene Tätigkeiten und Äußerungen an, unterschiedliche Stimmungen zu erzeugen. In einigen Fällen wird eine euphorisierende, in anderen eine eher wutinduzierende Stimmung erzeugt. Nach Ablauf der 20 Minuten kommt der Leiter des Experiments wieder in den Raum und bittet den Probanden unter allerlei Vorwänden um das Ausfüllen eines Fragebogens. Besonders wichtig für die Bewertung des Experiments ist dabei die Frage nach den gegenwärtigen Gefühlen.

Die Resultate des Experiments sind für Schachter und Singer natürlich vor allem mit Blick auf die nicht-informierte Gruppe interessant.

Anders als die der informierten Gruppe zugehörigen Probanden haben sich die Probanden der nicht-informierten Gruppe eher als »verärgert« oder »zufrieden« eingestuft, je nachdem, welcher Situation sie ausgesetzt waren. Schachter und Singer ziehen aus dieser Tatsache den Schluss, dass die Probanden der nicht-informierten Gruppe ihre körperliche Erregung damit in der Regel nicht auf die Injektion zurückgeführt haben, sondern auf die ärgerliche oder euphorische Situation, der sie sich ausgesetzt sahen. Sie nehmen damit eine falsche Attribution (*misattribution*) ihrer körperlichen Erregung vor. Dass ein gewisses Maß an körperlicher Erregung für den Attributionsprozess allerdings notwendig ist, zeigt die Placebo-Gruppe, die ebenfalls ohne Informationen über die Wirkungen der Injektion auskommen musste. Die Mitglieder dieser Gruppe haben keine nennenswerte körperliche Erregung verspürt und berichten dementsprechend von weniger starken Gefühlsempfindungen. Das heißt allerdings nicht, dass sie sich überhaupt keine Gefühle zugeschrieben haben, ein Sachverhalt, der für Schachter und Singer durchaus problematische Konsequenzen zeitigt.

Vorerst gelangen sie zu folgendem Schluss: »Es ist die Kognition, die bestimmt, ob der Zustand der physiologischen Erregung als ›Wut‹, ›Freude‹, ›Furcht‹ oder als sonst etwas bezeichnet wird.« (Schachter/Singer 1962, S. 380) Eine Pointe dieser These liegt auf der Hand: Die nicht-informierten Probanden haben die gleichen körperlichen Symptome entweder als Freude oder als Wut ausgelegt. Entscheidend für die Differenzierung oder Individuierung einzelner Gefühle ist folglich nicht die Qualität der physiologischen Erregung selbst, sondern die Art und Weise, wie sie interpretiert oder erklärt wird. Schachter und Singer schließen in dem Maße an James an, in dem sie annehmen, dass für Prozesse der Gefühlszuschreibung ein bestimmtes Maß an physiologischer Erregung notwendig ist. Aber sie gehen in dem Maße über James hinaus, in dem sie kognitive Faktoren für einen wesentlichen Bestandteil der Gefühle halten.

Im Anschluss an die bisherige Darstellung des Experiments seien noch einmal dessen zentralen Aspekte hervorgehoben: Die nicht-informierten Probanden verspüren eine körperliche Erregung, die die meisten von ihnen nicht auf die Injektion zurückführen. Sie verfügen zunächst über keine Erklärung für diese Erregung. Gleichzeitig sehen sie sich einer Situation ausgesetzt, in der ein Mitarbeiter des Experiments positive oder negative Stimmungen erzeugt. Sie halten diesen Mitarbeiter für einen weiteren Probanden. Damit sind zwei Elemente benannt, die für die Gefühlszuschreibung wichtig sind: eine körperliche Erregung und eine Situation, die von den Probanden als gefährlich, ärgerlich, erfreulich etc. eingestuft wird. Damit die Gefühlszuschreibung nun allerdings tatsächlich in Schachters und Singers Sinne erfolgt, müssen die Probanden, darauf haben Schachter und Singer nicht ausdrücklich genug hingewiesen (Gordon 1987, S. 98f.), ihre körperliche Erregung mit der gefühlsinduzierenden Situation in Verbindung bringen, sie müssen, mit anderen Worten, ihre Erregung (fälschlicherweise) kausal auf die situative Stimmung beziehen und durch sie erklären. In der experimentellen Situation Schachters und Singers sind folglich zwei Zuschreibungs- oder Attributionsprozesse am Werk: Zum einen muss die Situation so oder so charakterisiert werden; zum anderen muss die Erregung des Körpers auf die so charakterisierte Situation bezogen werden. Liest man den Text genau, wird man feststellen, dass die Probanden in dem Fragebogen letztlich nur nach ihrer Stimmung gefragt werden und dann nach den in ihnen ablaufenden körperlichen Veränderungen, nicht aber nach einer möglichen Verbindung des einen mit dem anderen. Dass die Probanden ihren körperlichen Zustand kausal auf ihre Stimmungen beziehen, wenn sie etwa angeben, »sehr irritiert und ärgerlich« zu sein, steht nicht von vornherein fest, vielmehr handelt es sich hierbei um eine interpretatorische Unterstellung Schachters und Singers (und der meisten ihrer Interpreten). Mit anderen Worten, keiner der Probanden hat folgenden Satz unterschrieben: »Ich spüre meinen Herzschlag besonders deutlich, weil ich mich ärgere«. Sofern die Ergebnisse des Experiments eine solche kausale Attribution enthalten, handelt es sich eindeutig um eine externe Interpretation der Ergebnisse (Reisenzein 1983, S. 240f.), die vermutlich mit der das Experiment leitenden Unterstellung zusammenhängt, dass in Gefühlen kognitive und physiologische Momente eine enge Verbindung eingehen. Vor dem Hintergrund dieser Unterstellung wird die Tatsache problematisch, dass sich die Placebo-Probanden ebenfalls Gefühle zugeschrieben haben – wenn auch in niedrigerem Maße als die nicht-informierten Probanden. Dementsprechend beunruhigt reagieren Schachter und Singer auf dieses Ergebnis (Schachter/Singer 1962, S. 393), könnte es doch darauf schließen lassen, wahrnehmbare körperliche Veränderungen seien keine notwendige Bedingung für Gefühle.

Unabhängig von diesen Problemen sollte jetzt deutlich geworden sein, warum Schachter und Singer als wichtige Vorläufer kognitivistischer Gefühlstheorien gelten können. Damit aus einer physiologischen Veränderung Furcht wird, muss ich die Situation, in der ich mich befinde, in irgendeiner Weise als Furcht erregend einstufen. Ähnlich wie von Broad wird auch von Schachter und Singer der genaue Charakter des kognitiven Elements nur unangemessen beschrieben, aber man hat den Begriff »Kognition« in diesem Zusammenhang als eine »besondere subjektive Interpretation einer Situation oder eines Ereignisses« beschrieben (Reisenzein 1983, S. 243). Und damit ist ein Kernelement benannt, das in der einen oder anderen Form allen kognitivistischen Gefühlstheorien eigen ist, nämlich das Element der subjektiven Interpretation. Schachter und Singer gehen davon aus, dass diese Interpretation einer an vergangenen Erfahrungen orientierten Einschätzung der gegenwärtigen Situation entspringt (Schachter/Singer 1962, S. 378). Ob ich also eine Situation als ärgerlich oder erfreulich einstufe, hängt an meinen vorangegangenen Erfahrungen in ähnlichen Situationen und an meiner Einschätzung der gegenwärtigen Situation. Diese Redeweise darf aber nicht darüber hinwegtäuschen, dass sich die Zuschreibung »Ich bin ärgerlich« auf meinen körperlichen Zustand bezieht und nicht auf die Situation, in der ich mich befinde. Die situativen Faktoren beeinflussen diese Zuschreibung, aber sie bestimmen nicht die besondere intentionale Richtung, die diese Zuschreibung einschlägt. Hier gibt es also eine weitere untergründige Parallele zu James: Aussagen der Art »Ich bin ärgerlich« oder »Ich bin fröhlich« beschreiben einen inneren Zustand des Subjekts und zielen damit nicht auf Zustände in der Welt. Dieser Punkt soll nur darauf hinweisen, dass es durchaus wichtig ist, sich die Frage vorzunehmen, worauf sich denn der semantische Gehalt der kognitiven Faktoren richtet, von denen die kognitivistischen Ansätze sprechen.

Bevor die Darstellung des Experiments von Schachter und Singer an ein Ende kommt, sei ein weiterer Punkt erwähnt: Schachter und Singer erhalten mit ihrem Experiment im Grunde nur eine Auskunft darüber, mit welchen Gefühlsausdrücken sich die Probanden in der jeweiligen Situation beschreiben. Manche Autoren meinen, dass sie dementsprechend keine Auskunft darüber erhalten, wie sich die Probanden tatsächlich fühlen (Gordon 1987, S. 101), da die Selbstauskunft, die ich über mich gebe, nicht sicher stellt, dass ich genau das beschreibe, was tatsächlich in mir vorgeht oder was ich tatsächlich empfinde. Gegen diesen

Einwand lässt sich allerdings vorbringen, dass die Unterscheidung zwischen den »echten« und den bloß berichteten Gefühlen zweifelhaft ist. Zumindest halten viele Autoren diese Unterscheidung für zweifelhaft. Für diese Autoren gibt es neben der Interpretation meines Zustands keinen weiteren Faktor, der Gefühle als solche bestimmt. Mit anderen Worten, was Gefühle sind und wie Gefühle voneinander differenziert werden, wird durch meine Interpretation ganz und gar festgelegt. Entscheidend ist für diese Art der Analyse dann nur, durch welche persönlichen, sozialen oder kulturellen Faktoren gefühlsbestimmende Interpretationen beeinflusst werden. Eine Untersuchung der Frage, was Gefühle jenseits dieser Interpretationen tatsächlich sind, ist in dieser Perspektive überflüssig. Schachter und Singer sind damit in gewisser Weise auch Vorläufer so genannter sozialkonstruktivistischer Gefühlstheorien.

William Lyons

William Lyons ist ein anderer Autor, der Gefühle wesentlich aus kognitiven und physiologischen Elementen zusammensetzt. Lyons bestimmt einen aktuellen Gefühlszustand (*occurent emotionale state*) wie folgt: Eine Person hat bestimmte Überzeugungen (*beliefs*) über sich und ihren Zustand, die gegebenenfalls durch die Wahrnehmung eines Objekts ausgelöst werden. Diese Überzeugungen sind die Grundlage einer Bewertung der Situation. Diese Bewertung (etwa: »die Lage ist gefährlich!«) kann ein sichtbares Verhalten auslösen, wenn sie entsprechende Wünsche oder Bedürfnisse verursacht (»ich muss hier weg«); die Bewertung und die Wünsche zusammen können »anormale« physiologische Veränderungen hervorrufen (*abnormal physiological changes*), wobei »anormal« hier nicht im starken Sinne normativ gemeint ist, sondern nur auf ein ungewöhnliches Erregtsein verweist (Lyons 1980, S. 57). Diese Erregung wiederum wird vom Subjekt empfunden (*feeling*), das Subjekt spürt den beschleunigten Herzschlag, die veränderte Atmung etc. Zum Gefühlszustand gehört also sowohl eine situative Bewertung als auch eine physiologische Reaktion: »Nur zu glauben, man sei in Gefahr, ohne dadurch physiologisch erregt zu werden, heißt, ohne Gefühl zu sein.« (Lyons 1980, S. 58) Für Lyons setzen sich Gefühle also aus Bewertungen und physiologischen Reaktionen zusammen. Die bewertende Komponente wird dabei relativ variabel beschrieben, Lyons spricht mal von Überzeugungen (*beliefs*), mal von Einstellungen (*attitudes*), mal von Urteilen (*judgments*) und dann wieder von der Art, wie man eine Situation sieht (*how you see a situation*). Wünsche spielen offenbar eine Rolle in Lyons Definition der Gefühle, da sie es sind, die zum Handeln bewegen, aber da wir auch ohne sichtbares Handeln gefühlsmäßig bewegt sein können (Lyons erwähnt hier das Beispiel des Erstaunens), gehören Wünsche nicht zum Kern der Lyonsschen Gefühlsbestimmung (Lyons 1980, S. 64).

Diese Einschränkung ist allerdings dann unverständlich, wenn, wie es hieß, Bewertungen und Wünsche in Kombination physiologische Veränderungen herbeiführen. Gehört eine physiologische Veränderung wesentlich zum Gefühl, dann gehört auch die Ebene der Wünsche wesentlich zum Gefühl. Lyons' Position lässt sich folglich nur dann aufrechterhalten, wenn die These fallen gelassen wird, wonach Wünsche nötig sind, um physiologische Veränderungen herbeizuführen. Dazu reichen offenbar Bewertungen aus, die, das sei noch einmal hervorgehoben, kausal für die physiologischen Veränderungen verantwortlich sind.

Lyons' Ansatz setzt sich aus folgenden Komponenten zusammen: Wahrnehmung eines Objekts (z.B. Vogelliebhaber sieht großartigen Vogel) > Bewertung des Objekts oder der Situation (»schön«) > physiologische Reaktion (Begeisterung) > Gefühl.

Wie unschwer zu erkennen ist, kommt diese Definition dem Verständnis recht nahe, das James dem »natürlichen« Denken zugeordnet hat, da die physiologische Reaktion auf die Bewertung folgt und nicht, wie James es sah, umgekehrt (sofern in seinem Ansatz Bewertungen überhaupt eine Rolle spielen). Lyons' Ansatz besitzt darüber hinaus große Ähnlichkeit mit der Theorie von Schachter und Singer. Problematisch aus der Sicht Schachters und Singers müsste allerdings die Behauptung sein, die physiologische Reaktion werde durch die Bewertung verursacht. In ihrem Experiment wird die physiologische Erregung durch Adrenalin verursacht und hat insofern keine kognitive Quelle. Die Frage, auf die ihr Experiment eine Antwort geben will, ist ja, durch welche kognitiven Faktoren aus einer bereits vorhandenen physiologischen Erregung Furcht oder Wut, Freude oder Begeisterung etc. wird. Lyons dreht hier, wenn man so will, die Reihenfolge schlicht um: Auch für ihn sind es die Kognitionen, die das Gefühl individuieren (Lyons 1980, S. 63); aber sie tun das nicht, um eine sonst unerklärliche körperliche Empfindung zu interpretieren, sie tun es, indem sie eine Situation interpretieren und dann, je nach Richtung der Deutung, eine physiologische

Reaktion hervorrufen, die an sich, wie bei Schachter und Singer, nicht in der Lage ist, das eine Gefühl von dem anderen zu differenzieren.

Lyons' Theorie kann herangezogen werden, um noch einmal auf ein Problem hinzuweisen, das den Kognitivismus generell plagt. Es lässt sich an einem Beispiel veranschaulichen, das Lyons selbst in die Diskussion einbringt (ebd.): Wir sehen auf einer Party einen Mann, der offensichtlich unruhig neben einer Frau steht. Er spielt mit seinem Glas, schiebt seine Füße hin und her, errötet ständig etc. Welches Gefühl er hat, hängt nun, so Lyons, davon ab, wie dieser Mann die Situation beurteilt, wie er sie sieht. Als Beobachter dieses Mannes weiß ich folglich nicht, welches Gefühl ihn bewegt, da körperliche Regungen nicht ausreichen, um Gefühle voneinander zu differenzieren (unruhiges Verhalten kann Verliebtheit, aber auch Unwohlsein anzeigen). Wir müssen folglich etwas über seine Gedanken und seine Einschätzung der Situation in Erfahrung bringen.

Hierbei sind allerdings drei Dinge zu beachten: Zum einen dürfen in die Beschreibung seiner Gedanken keine Gefühlswörter einfließen; wir dürfen, mit anderen Worten, nicht so etwas sagen wie »er ist unruhig, weil er sie liebt«, denn dann würden wir das zu erklärende Phänomen, nämlich das spezifische Gefühl dieses Mannes, schon in die Erklärung hineinlegen (Pugmire 1998, S. 70). Deswegen sagt Lyons zum Beispiel: »Erfahre ich, dass er glaubt, sie habe ihn während des Krieges an die Gestapo verraten, dann kann ich ziemlich sicher sein, dass er sie wahrscheinlich zutiefst verachtet.« (Lyons 1980, S. 63) Die Überzeugungen, die als Grund und Ursache dieser Verachtung dienen, müssen selbst gewissermaßen ganz und gar gefühlsfrei bleiben. Dieser Gedanke impliziert, und das ist der zweite Punkt, dass die Gedanken auch nicht von Gefühlen herrühren dürfen, da sie ja dazu dienen, Gefühle kausal zu erklären. Der Gedanke, dass sie die Frau ist, die ihn an die Gestapo verraten hat, könnte seine Quelle ja auch in einer tief empfundenen Verachtung haben, die den Mann auf untergründige Weise überhaupt erst zu dieser Frau hingetrieben hat. Schließlich bleibt ein Problem bestehen, auf das schon angespielt worden ist: Gibt es Gedanken oder Einschätzungen, die notwendig zu einem spezifischen Gefühl führen oder mit einem bestimmten Gefühl verbunden sind? Lyons sagt, es sei »wahrscheinlich«, dass der Gedanke an den Verrat Verachtung hervorruft. Vielleicht aber auch Wut. Oder das Bedürfnis zu verzeihen. Oder eine eigentümlich erneuerte Angst und Hilflosigkeit. Kurz, es ist nach wie vor nicht klar, wie bloße Gedanken leisten sollen, was körperliche Reaktionen angeblich nicht leisten können, nämlich die Differenzierung des einen Gefühls von dem anderen. Welcher Gedanke oder welche Einschätzung steht eindeutig und unmissverständlich für Verachtung?

Kognitionen und Wünsche

Kognitivistische Theorien in ihrer reinen, aber auch in ihrer stärker physiologischen Variante gehen davon aus, dass sich Gefühle über kognitive Elemente hinreichend individuieren lassen. Die bisherigen Überlegungen haben gezeigt, wie schwierig es ist, diese theoretische Annahme zu verifizieren. Deswegen haben manche Autoren Wünsche in ihre Definition von Gefühlen integriert. Diese Autoren gehen davon aus, dass sich Gefühle aus einem kognitiven Element und aus einem Wunsch zusammensetzen. Entscheidend ist dabei, dass der Wunsch das Gefühl in seiner spezifischen Qualität konstituiert. Um mich vor einem Hund zu fürchten, reicht es nicht, davon auszugehen, dass er gefährlich ist (kognitives Element). Ich muss auch wünschen (wollen), nicht von ihm gebissen zu werden. Ohne diesen Wunsch kann ich zwar immer noch von der Gefährlichkeit des Hundes überzeugt sein, aber diese Überzeugung wird mich nicht sonderlich bewegen, sie bleibt gewissermaßen kalt. Erst durch die Anwesenheit des Wunsches wird aus der Überzeugung ein Gefühl, das heißt, erst durch die Möglichkeit, die Überzeugung auf einen Wunsch zu beziehen, kann sie zum Bestandteil eines Gefühls werden. In den Worten von O.H. Green: »Bloße Überzeugungen sind zur Bestimmung emotionaler Inhalte nicht hinreichend. Wenn wir zufrieden sind (*gladness*), glauben wir de facto, dass das, was wir wünschen, der Fall ist [...], sind wir traurig (*sorrow*), dann glauben wir, dass das, was wir wünschen, nicht der Fall ist.« (1992, S. 79) Mit Blick auf die Furcht vor einem als gefährlich eingeschätzten Hund müsste man dementsprechend sagen: Wir fürchten den Hund, weil wir uns vorstellen, dass er unserem Wunsch (bitte nicht beißen!) zuwiderhandelt.

Wie sich die kognitive und die voluntative Dimension zueinander verhalten, ist nicht immer ganz klar. Manche Autoren gehen davon aus, dass die mit Gefühlen verbundenen Überzeugungen bestimmte Wünsche »implizieren« (Marks 1982, S. 233) oder sich mit diesen Wünschen auf ein »gemeinsames Thema« beziehen (Green 1992, S. 79). Was das allerdings im Einzelnen heißt, bleibt in der Regel eher undeutlich. Unter »Implikation« könnte aber vielleicht Folgendes verstanden werden: Dass eine Überzeugung der Art »Dieser Hund ist gefährlich« bestimmte Wünsche impliziert, heißt, dass wir gar nicht anders können, als das Attribut der Gefährlichkeit auf tiefsitzende Wünsche und Bedürfnisse zu beziehen. Nur in dem Maße, in dem wir etwa das Bedürfnis nach körperlicher Unversehrtheit haben, stufen wir Situationen oder situative Eigenschaften als gefährlich ein. Der Wunsch nach körperlicher Unversehrtheit kann dabei als anthropologisch relativ konstant betrachtet werden, so dass uns Personen, die angesichts eines als gefährlich eingeschätzten Hundes vollständig gleichgültig bleiben, »merkwürdig« oder zumindest ungewöhnlich vorkommen. Die Abwesenheit des Gefühls mag in diesem Fall sogar dazu beitragen, an der Aufrichtigkeit der geäußerten Überzeugung zu zweifeln (»glaubst du wirklich, dass der Hund gefährlich ist?!«). Andere Wünsche und Bedürfnisse besitzen dagegen einen stärker biographischen Index und lassen sich deswegen auch nur vor dem Hintergrund persönlicher Narrative rekonstruieren. Wir haben es an diesem Punkt also mit einem Spektrum zu tun, das von anthropologischen Bedürfnissen bis hin zu eher idiosynkratischen Wunschstrukturen reicht.

Weiter oben sind verschiedene Hinsichten unterschieden worden, in denen von Wünschen die Rede ist. So wie der Begriff bisher verwendet wurde, bezieht er sich zweifellos auf die zweite der oben genannten Hinsichten. Zur Beschreibung eines aktuellen Gefühls müssen wir, so die dortige These, auf Wünsche Bezug nehmen, die uns Auskunft darüber geben, was einer Person wichtig ist und was nicht. Es ist in der Regel nicht sinnvoll, Wünsche hier in der dritten Hinsicht zu verwenden, also als Handlungsimpulse, die auf ein Gefühl folgen, da wir beispielsweise auch dann wütend auf jemanden sein können, wenn wir nicht das Bedürfnis verspüren, ihn zu bestrafen. Dieser Punkt ist wichtig, da sich einige Kritiker von Wunschtheorien (zum Beispiel Landweer 1999, S. 16; Döring/Peacocke 2002, S. 87f.) vor allem auf die Annahme beziehen, mit jedem Gefühl sei der Wunsch nach bestimmten Handlungen verbunden – ein Aspekt, den man auch als »Handlungstendenz« (*action tendency*) der Gefühle bezeichnet hat (Elster 1999, S. 246). Nichtsdestotrotz gibt es auch Zweifel an der zweiten Hinsicht, in der von Wünschen mit Blick auf Gefühle die Rede ist. Diese Zweifel beziehen sich zum einen auf die Frage, ob es überhaupt möglich ist, allen Gefühlen bestimmte Wünsche zuzuordnen; zum anderen beziehen sie sich auf die Frage, ob das kognitive und das voluntative Element Gefühle wirklich erschöpfen. Mit Blick auf den ersten Punkt bemerkt Michael Stocker, es gebe durchaus Gefühlszustände, die ohne eine Wunschdimension auskommen. Er konstruiert folgendes Beispiel: Freunde von uns kommen von einem Urlaub aus Spanien zurück und berichten begeistert von den Stierkämpfen. Während ich ihrer Erzählung lausche, male ich mir aus, selbst in den Arenen zu sitzen. Ich lege Flamenco-Musik auf, erinnere mich an meinen Spanisch-Kurs und trinke spanischen Wein. Voller Freude gebe ich mich diesen Phantasien hin und nehme mir fest vor, Urlaub in Spanien zu machen. Am nächsten Morgen jedoch erinnere ich mich daran, dass ich Stierkämpfe im Grunde verachte und dass mir Spanien zu heiß ist. Eigentlich habe ich gar nicht den Wunsch, nach Spanien zu fahren. Das Gefühl der Freude lässt sich durch reine Imaginationen auslösen, ohne dass irgendein echter Wunsch vorhanden sein muss (Stocker 1987, S. 64).

Stockers Bezugnahme auf einen »echten« Wunsch lässt sich als Konzession deuten. Sie erinnert an die Rede von Wünschen, die uns wichtig sind. Als Konzession lässt sich diese Bezugnahme deuten, weil damit eingeräumt wird, dass das, was wir gefühlvoll imaginieren, durchaus nicht frei von Wunschelementen ist. Im Augenblick der Freude wünsche ich offenbar durchaus, in Spanien zu sein. Unsere Imaginationen sind häufig nichts anderes als Manifestationen unserer Wünsche. Stocker kann dann nur sagen, dass wir Gefühle haben können, ohne »echte« Wünsche zu haben, er kann nicht sagen, dass wir Gefühle ohne Wünsche haben können. Aufschlussreich ist nur die Frage, warum Stocker glauben kann, Gefühle der Imagination gegen Wünsche ausspielen zu können. Ein genauerer Blick zeigt, dass Stocker Wünsche letztlich in der dritten der oben genannten Hinsichten begreift, nämlich als Handlungsimpuls. »Echte« Wünsche sind offenbar solche Wünsche, die zu Handlungen führen, die also darauf zielen, die Welt zu verändern. Ist mein Wunsch »echt«, dann kaufe ich mir ein Flugticket, packe meine Koffer, informiere meine Freunde etc. Es ist aber schon erwähnt worden, dass Gefühle nicht unbedingt nur in Gegenwart solcher Handlungstendenzen auftreten. Das ist der richtige Punkt an dem Beispiel des imaginierten Urlaubs. Niemand wird leugnen, dass unsere Vorstellungskraft äußerst intensive Gefühle in uns wecken kann, ohne dass daraus im engeren Sinne praktische Konsequenzen folgen müssen. Es gibt aber eben auch Wünsche, die darauf zielen, dass etwas »der Fall sein soll« (Wollheim 1984, S. 84). Diese Wünsche zielen nicht darauf, dass ich oder jemand anderes etwas tut, damit eintritt, was der Fall sein soll. Wünsche ich, der Hund möge mich nicht beißen, dann wünsche ich, dass etwas der Fall (oder nicht der Fall) ist. Dieser Wunsch wird häufig eine Handlungstendenz nach sich ziehen, aber wenn das nicht der Fall ist, wenn ich, aus welchen Gründen auch immer, nicht weglaufe, wäre es abwegig, mir Furcht abzusprechen.

Nun kann man natürlich sagen, dass der Wunsch, etwas möge der Fall sein, immer noch impliziert, die Welt möge anders sein, als sie gerade ist. Gibt es aber nicht auch Gefühle, die einem Zustand gelten, der, wenn man so will, nichts zu wünschen übrig lässt? Peter Goldie erwähnt den Vater, der voller Stolz seiner musizierenden Tochter lauscht. Dieser Vater will nicht, dass die Welt anders wird, als sie gerade ist; vielmehr genießt er die Welt, wie sie ist (Goldie 2000, S. 78). Folglich haben wir es hier mit einem Gefühl zu tun, das ganz ohne Wunsch auskommt.

Goldie gelangt an diesem Punkt allerdings zu schnell zu seiner Schlussfolgerung. Selbst wenn wir sagen, der Vater habe im Augenblick des musikalischen Auftritts seiner Tochter keinen offenen Wunsch mehr, ist nicht gesagt, dass er nicht vor diesem Auftritt den Wunsch verspürt hat, seine Tochter möge gut spielen. Das wäre der Wunschbegriff in der ersten der obigen Hinsichten. Mit dem Auftritt der Tochter erfüllt sich dieser Wunsch, und deswegen ist der Vater stolz. Angedeutet wird damit, dass es sinnvoll sein kann, gegenwärtige Gefühle narrativ zu vertiefen und auf ihre zeitlich entfernteren Ursachen zurückzuführen (Rorty 1980, S. 106). Darüber hinaus wird man den Vater als jemanden beschreiben können, dem das Wohl seiner Tochter am Herzen liegt. Die Freude über den Auftritt der Tochter entspringt dann dem allgemeinen Wunsch des Vaters, die Tochter möge bei all den Betätigungen erfolgreich sein, die ihr wichtig sind. Man kann den Begriff des Wünschens hier durch den Begriff der Sorge (*care*) ersetzen, den Harry Frankfurt in die neuere philosophische Diskussion eingeführt hat. Frankfurt lässt gar keinen Zweifel daran, dass das Sich-Sorgen um jemanden immer auch heißt, dieser Person bestimmte Dinge zu wünschen (Frankfurt 2005, S. 16). Nur der Umkehrschluss gilt nicht: Wir kennen Wünsche, die uns nicht am Herzen liegen, um die wir uns also nicht sorgen. So gesehen, lässt sich die Behauptung, es gebe Gefühle ohne Wünsche, auf der Basis der bisher gelieferten Beispiele nicht erhärten. Ohnehin haben wir es ja hier mit jenem Problem einzelner Fälle zu tun, die herangezogen werden, um allgemeine Zusammenhänge zu erläutern. Selbst wenn es tatsächlich einzelne Gefühle geben sollte, die sich ohne Bezug auf voluntative Aspekte beleuchten lassen, wäre noch längst nicht geklärt, wie repräsentativ diese Disjunktion von Gefühlen und Wünschen de facto sein kann.

Bleibt die zweite Form der Kritik an der Verknüpfung von Wünschen und Gefühlen. Sind Gefühle hinreichend beschrieben, wenn wir sie aus Überzeugungen und Wünschen zusammensetzen? Was wird aus der physiologischen Dimension? Diese Frage lässt sich knapp beantworten. Die meisten Wunschtheorien der Gefühle geben keine Auskunft darüber, ob physiologische Veränderungen oder körperliche Empfindungen notwendig mit Gefühlen einhergehen. Marks suggeriert, bestimmte physiologische Veränderungen gingen »natürlicherweise« einher mit Gefühlen, die sich aus Überzeugungen und Wünschen zusammensetzen (Marks 1982, S. 235). Aber diese Veränderungen werden von ihm eher als Effekte denn als wesentliche Merkmale von Gefühlen gedeutet, so dass der Status dieser Veränderungen undeutlich bleibt.

Schließlich gibt es eine Kritik an der Verknüpfung von Wünschen und Gefühlen, die als phänomenologisch bezeichnet werden kann. Es wird sich als sinnvoll erweisen, diese Kritik an den Anfang des nächsten Abschnitts zu stellen, da sie zu einem eigenständigen Ansatz der Gefühlsdeutung gehört.

Wie sich Gefühle anfühlen: Der phänomenologische Ansatz

Viele Wünsche verfügen, so eine gängige Kritik, über keine Phänomenologie. Gefühle aber verfügten immer über eine eigene Phänomenologie, und so wäre auf relativ unkontroverse Weise der Nachweis erbracht, dass Gefühle nicht in Wünschen aufgehen (Goldie 2000, S. 79). Was ist hier mit Phänomenologie gemeint? Der Begriff verweist nicht zwangsläufig auf die philosophische Strömung, die von Husserl ausgeht. Wie der Begriff im Kontext der Gefühlstheorie verwendet wird, ist in ersten Andeutungen in der Diskussion der Thesen von Broad angeklungen. Phänomenologische Ansätze betonen in der Regel die Art und Weise, wie sich Gefühle anfühlen, also die Art und Weise, wie es ist, ein Gefühl zu haben oder zu spüren. Wenn ich dagegen den Wunsch habe, ein Buch aus dem Regal zu nehmen, dann würde man nicht unbedingt sagen, dass dieser Wunsch sich irgendwie anfühlt. Das ist gemeint, wenn man Wünschen eine eigene Phänomenologie abspricht.

Phänomenologische Ansätze betrachten Gefühle zumeist als eine eigenständige mentale Kategorie, die sich weder auf kognitive noch auf voluntative Elemente reduzieren lässt, diese aber auf ihre unverwechselbare Weise so oder so zu »färben« vermag. Stocker etwa spricht von »emotional thoughts« und meint damit Gedanken, die sich von gewöhnlichen oder gefühllosen Gedanken durch ihre Lebendigkeit unterscheiden. Furchtsam wird ein Gedanke, wenn wir »in ihn eintreten«, wenn wir ihn »leben« oder »ernst« nehmen (Stocker 1987, S. 65). Goldie wiederum charakterisiert Gefühle als ein Denken, das von Empfindungen begleitet wird (*thinking of with feeling*) und bezeichnet diese Empfindungsseite als »phänomenale« Seite der Gefühle (Goldie 2000, S. 58). Unschwer zu erkennen ist, dass sowohl Stocker als auch Goldie damit im kognitivistischen Lager bleiben; es sind Gedanken, die hier auf offenbar schwer beschreibbare Weise modifiziert werden. Wichtig ist allerdings der Zusatz, dass »gefühlte« Gedanken nicht einfach nur Gedanken sind, denen ein Gefühl beigefügt ist. Gefühlte Gedanken sind Gedanken, die Gegenstände oder Sachverhalte auf fundamental andere Weise repräsentieren als Gedanken ohne Gefühl (ebd., S. 60). Der Gedanke an die Gefährlichkeit eines Hunds verändert sich in dem Augenblick, in dem er »gefühlt« oder »gelebt« wird. Der phänomenale Aspekt von Gefühlen trägt dazu bei, so können wir auch sagen, dass wir ernsthafter oder intensiver in einen Sachverhalt involviert sind.

Es ist darauf hingewiesen worden, dass phänomenologische Ansätze häufig betonen, wie schwierig es ist, das, was an Gefühlen fühlbar ist, zu beschreiben. Methodisch befinden sie sich damit in Nachbarschaft zu introspektionistischen Ansätzen, die auch davon ausgehen, dass sich die wesentlichen Merkmale eines Gefühls nur auf dem Wege innerer Erfahrungen erfassen lassen, die als solche gelegentlich etwas Unaussprechliches haben können. Weiß ich wirklich, wie es für dich ist, Scham zu empfinden? In phänomenologischer Perspektive wird also die Antwort auf die Frage, wodurch sich einzelne Gefühle voneinander unterscheiden, mit dem Hinweis auf ihre unterschiedliche Empfindungsqualität beantwortet, zugleich aber wird eingeräumt, dass sich über diese Qualität oft nichts intersubjektiv Verbindliches sagen lässt.

Die Rede von »wie es ist, Scham zu empfinden« darf den phänomenalen Charakter von Gefühlen nicht an den von Qualia angleichen. Qualia sind qualitative Eindrücke, die in der Regel mit Empfindungen assoziiert werden. Auch mit Blick auf Qualia lautet die wesentliche Formulierung: »Wie ist es, Schmerzen oder einen Roteindruck zu haben?« Im Gegensatz zu Gefühlen spricht man Qualia aber keinen intentionalen Charakter zu. Mein Schmerz fühlt sich so oder so an, er ist so oder so intensiv, aber er ist nicht auf etwas gerichtet. Wenn man also den phänomenalen Charakter von Gefühlen thematisiert, kann man zwar nach wie vor davon sprechen, dass es so oder so ist, ein Gefühl zu haben, aber in Abgrenzung zu reinen Qualia sollte man auch Formulierungen verwenden, die darauf zielen, dass uns Gefühle die Dinge so oder so erscheinen lassen, dass sie uns die Welt so oder so präsentieren oder erschließen, denn diese Formulierungen beschreiben einen intentionalen Gehalt (die Dinge, die Welt etc.), auf den die Gefühle gerichtet sind. Umstritten ist lediglich, ob auch die so genannten objektlosen Gefühle (wie Stimmungen) in diesem Sinne intentionalistisch rekonstruiert werden können (vgl. Crane 1998).

Nun mag es merkwürdig sein, darauf zu insistieren, dass sich Gefühle so oder so anfühlen. Ist das nicht eine bloße Tautologie? Die Pointe dieses Ansatzes wird vielleicht erst deutlich, wenn man sich die Frage vornimmt, worauf sich denn dieses Fühlen bezieht? Bei Stocker und auch bei Goldie sind es Gedanken, die durch Gefühle modifiziert werden und dadurch zu eigenständigen mentalen Phänomenen werden. Das ist für viele Autoren ein eher mysteriöser Ansatz (Griffiths 1997, S. 37). Was soll es heißen, dass ein Gedanke gefühlvoll ist? Gedanken sind kognitive oder geistige Gebilde und mehr nicht. Können wir Gedanken spüren? Viel plausibler erscheint es vielen Autoren dagegen, die Empfindungsseite der Gefühle mit physiologischen Prozessen in Verbindung zu bringen, also mit wahrgenommenen Veränderungen des Körpers. Die phänomenale Seite der Gefühle besitzt dann keinen mysteriösen psychologischen Status, sie hat vielmehr eine, wenn man so will, harte materialistische Basis.

Nun leugnen phänomenologische Ansätze nicht die Möglichkeit körperbezogener Empfindungen. Aber sie gehen davon aus, dass es viele

Gefühle gibt, die sich ganz ohne körperliche Veränderungen vollziehen und trotzdem spürbar sind (Goldie 2000, S. 52; Steinfath 2001, S. 123). Goldie nennt als Beispiel Stolz, Steinfath erwähnt ästhetische Wahrnehmungen und spricht von rein geistigen Freuden. Damit wird unmissverständlich zum Ausdruck gebracht, dass Gefühle einen gleichsam ontologisch eigenständigen Status haben, der im mentalen Reich zwischen Überzeugungen und Wünschen angesiedelt werden muss und auch von körperlichen Prozessen zu unterscheiden ist. Das ist die wohl wesentliche Annahme phänomenologischer Ansätze der Gefühlsforschung, die gleichwohl als solche selten ausbuchstabiert wird. Wie erwähnt, gewinnen Gefühle für viele Autoren damit aber einen leicht mysteriösen Zug. Ein Grund für die Popularität neurophysiologischer Gefühlstheorien dürfte genau hier verborgen liegen: Diese Theorien suchen nach mehr oder weniger eindeutig identifizierbaren physiologischen Quellen spezifischer Gefühle. Sie kehren damit in gewisser Weise zu James zurück, auch wenn ihre Theorien nicht in jedem Fall auf kognitive Elemente verzichten.

»Eine Art, die Dinge zu sehen«: Gefühle als Wahrnehmungen

Wir haben Ansätze kennengelernt, die das Moment der Kognition, das der körperlichen Veränderung, das der Wünsche oder des phänomenalen Eindrucks in den Mittelpunkt gestellt haben. Zum Abschluss sei ein weiterer Ansatz erwähnt, der allerdings noch keine geschlossene Form besitzt und deswegen auch nur kursorisch skizziert werden soll. Darüber hinaus ist nicht ganz klar, ob es überhaupt sinnvoll ist, diesen Ansatz als kognitivistisch einzustufen.

Manche Autoren sind dazu übergegangen, Gefühle mit sinnlichen Wahrnehmungen in Verbindung zu bringen, und haben sie damit insbesondere von kognitiven und voluntativen Elementen distanziert. Die Metaphorik der Wahrnehmung hat schon die bisherigen Überlegungen oft geprägt. Gefühle, so hieß es beispielsweise, lassen uns die Dinge so oder so »erscheinen«. In ähnlicher Weise haben viele Autoren Gefühle mit Wahrnehmungsbildern zu erfassen versucht. Martha Nussbaum beschreibt den intentionalen Aspekt der Gefühle, indem sie darauf verweist, Gefühle seien eine »Art, die Dinge zu sehen« (*a way of seeing*; Nussbaum 2001, S. 27). Robert C. Roberts geht davon aus, dass es zu Gefühlen gehört, sich so oder so zu sehen, sich als jemand wahrzunehmen, der so oder so ist. Sich schuldig zu fühlen, heißt, unter anderem, sich als jemand wahrzunehmen, der schuldig ist (Roberts 1988, S. 187).

Nun ist erwähnt worden, dass es sich bei dieser Angleichung von Gefühlen und Wahrnehmungen zumeist um eine metaphorische Angleichung handelt. Gefühle haben im wörtlichen Sinne keine Augen. Scham »sieht« im wörtlichen Sinne nichts. Bei Kenny heißt es dementsprechend: »Es gibt keine Organe für Gefühle, wie es Organe für Wahrnehmung gibt.« (Kenny 2003, S. 39) Die Angleichung von Gefühlen und Wahrnehmungen hat aber trotzdem bei vielen Autoren einen mehr als nur metaphorischen Grund. Indem nämlich Gefühle wie Wahrnehmungen gedeutet werden, repräsentieren sie Welt auf eine andere Weise als Überzeugungen, Meinungen oder Urteile. Worin genau der Unterschied zu diesen kognitiven Elementen besteht, ist dabei nicht leicht zu sagen. Erläutert wird er meistens unter Bezugnahme auf die so genannte Müller-Lyer-Illusion. Wir sehen einen Stab, der aus dem Wasser ragt, auch dann noch geknickt, wenn wir wissen, dass er nicht geknickt ist. Unsere visuelle Wahrnehmung spielt uns hier aufgrund der unterschiedlichen Lichtbrechungseigenschaften von Luft und Wasser einen Streich (Goldie 2000, S. 74; Döring/Peacocke 2002, S. 95). In ähnlicher Weise bleiben viele unserer Gefühle häufig auch dann noch bestehen, wenn sie kognitiv gewissermaßen delegitimiert sind. Ich weiß, dass der Hund nicht gefährlich ist, und trotzdem fürchte ich mich vor ihm. Ich weiß, dass das Eis nicht brechen kann, und trotzdem betrete ich es nicht. Das Gefühl bleibt in diesen Fällen für kognitive Einflüsse oder Korrekturen undurchlässig. Wären nun Überzeugungen oder Urteile die entscheidenden Charakteristika von Gefühlen, dann wäre diese Beharrungskraft der Gefühle unverständlich. Wenn ich akzeptiere, dass das, was ich glaube, falsch ist, dann höre ich unter normalen Umständen auf zu glauben, was ich glaubte. Wahrnehmungen und Gefühle scheinen sich hier aber anders zu verhalten: So wie wir den Stab auch dann noch als geknickt wahrnehmen, wenn wir wissen, dass er gerade ist, so bleiben wir oft furchtsam, obwohl wir wissen, dass es keinen Anlass zur Furcht gibt. Gefühle scheinen also die Welt anders zu repräsentieren als einige der mit ihnen häufig in Verbindung gebrachten kognitiven Elemente.

Es ist wichtig, darauf hinzuweisen, dass die Parallele zwischen Gefühlen und Wahrnehmungen an diesem Punkt nicht nur auf ihre je spezifische Beharrungskraft hinausläuft. Die Parallele setzt im Grunde schon an dem Punkt ein, an dem behauptet wird, dass Gefühle die Welt wie Wahrnehmungen repräsentieren. Wahrnehmungen dienen uns ja oft dazu, Urteile oder Meinungen zu rechtfertigen: »Ich weiß, dass da ein Hund ist, da ich ihn gesehen habe.« Wenn nun Gefühle wie Wahrnehmungen repräsentieren, dann können wir auch sagen: »Ich weiß, dass der Hund gefährlich ist, da ich es gespürt habe.« Wir können, mit anderen Worten, aufgrund von Gefühlen darauf schließen, was der Fall ist (Döring/Peacocke 2002, S. 97), wir behandeln Gefühle als verlässliche Quelle von Informationen, weil sie den »Schein« von Wahrheit an sich tragen, der bestehen bleibt, selbst wenn wir dieser Wahrheit oder diesem Schein nicht zustimmen (Döring 2010, S. 294). Allerdings bricht hier natürlich in gewisser Weise die Analogie mit der Wahrnehmung, zu deren Veranschaulichung die Müller-Lyer-Illusion herangezogen wird. Wenn wir erfahren, dass der Stab im Wasser nicht wirklich gebrochen ist, glauben wir es auch nicht mehr, selbst wenn wir es weiterhin so sehen. Gefühlen, die uns bewegen, obwohl wir ihre Berechtigung kognitiv bestritten haben, trauen wir trotzdem noch einen Informationswert zu. Selbst wenn dieser Hund nicht gefährlich scheint, vielleicht ist er es ja doch. Wir haben schließlich davon gehört, dass selbst die scheinbar harmlosesten Hunde plötzlich Menschen angefallen haben. Deswegen auch können wahrnehmungstheoretische Deutungen der Gefühle noch als kognitivistisch bezeichnet werden. Sie gehen zwar nicht davon aus, dass Gefühle wesentlich aus kognitiven Elementen bestehen, aber sie sprechen Gefühlen die gleichen rationalen Eigenschaften zu, die sonst eher mit Überzeugungen verbunden werden. So mag sich auch ihre eigentümliche Beharrungskraft angesichts eines scheinbar überlegenen Wissens erklären: In dem Maße, in dem Gefühle auf ihre Weise Bezug auf Welt nehmen, verfügen sie über einen objektiven Zug, der ihnen gleichsam Gewicht verleiht. Natürlich können uns Gefühle täuschen, sie können korrekt oder inkorrekt sein. Diese Möglichkeit aber setzt voraus, dass man ihnen überhaupt eine repräsentationale Dimension zuerkennt, was keinesfalls alle Autoren tun (vgl. Green 1992, S. 68). Zwar besteht weitgehend Konsens über den Punkt, dass Gefühle auf irgendeine Weise über rationale Eigenschaften verfügen, da wir sonst gar nicht in der Lage wären, sie so oder so zu bewerten. Aber worin genau diese rationalen

Eigenschaften bestehen, ist auch unter kognitivistischen Ansätzen äußerst umstritten.

In diesem Zusammenhang hängt alles an der gewählten Begrifflichkeit: Sind Gefühle angemessen oder unangemessen? Sind sie korrekt oder inkorrekt? Sind sie rational oder irrational? Können sie gar wahr oder falsch sein? Wie man auf diese Fragen antwortet, hängt auch damit zusammen, ob man davon ausgeht, dass Gefühle über einen eigenständigen rationalen Charakter verfügen oder nur über einen geliehenen. Green etwa schreibt: »Ein Gefühl ist nur dann rational oder angemessen, wenn die Meinung oder der Wunsch, die das Gefühl konstituieren, rational sind.« (1992, S. 95) Die Rationalität des Gefühls leitet sich hier also aus der Rationalität der Elemente ab, aus denen Gefühle zusammengesetzt sind. Werden Gefühle nun wie Wahrnehmungen konzeptualisiert, dann spricht man ihnen in der Regel eine eigenständige Rationalität zu. Wie auch in der phänomenologischen Perspektive erschließen uns Gefühle die Welt dann auf je unverwechselbare und nicht zu substituierende Weise.

Der Hund ist nicht gefährlich, und trotzdem fürchte ich mich vor ihm: Die Widerständigkeit der Gefühle

Das Phänomen der kognitiven Undurchlässigkeit der Gefühle hat die neueren Gefühlstheorien oft beschäftigt. Häufig ist in diesem Zusammenhang auch von der Widerständigkeit (*recalcitrance*) der Gefühle die Rede, da wir immer wieder bemerken, wie wenig Einfluss unsere Überzeugungen und Annahmen auf unser Gefühlsleben haben. Dieses Problem ist letztlich auf die eine oder andere Weise von fast allen der hier vorgestellten Ansätze bearbeitet worden. Rein kognitivistische Ansätze beispielsweise gehen davon aus, dass wir überzeugt sein können, ein Hund sei ungefährlich, zugleich aber auch überzeugt sein können, er sei gefährlich. Nussbaum spricht in diesem Zusammenhang schlicht von »widersprüchlichen Überzeugungen« (Nussbaum 2001, S. 35). Wenn ich mich vor einem Hund fürchte, obwohl ich glaube, mich nicht fürchten zu müssen, dann gibt es offenbar irgendwo in den Tiefen meiner Psyche die Überzeugung, dass ich den Hund (oder Hunde im Allgemeinen) fürchten sollte. Da Gefühle per definitionem mit Überzeugungen oder Urteilen zusammenhängen, muss die bestehende Furcht so erklärt werden

Stärker phänomenologische Ansätze halten es für möglich, einen Zustand gefühlsmäßig als gefährlich einzustufen, auch wenn unsere Überzeugungen dem entgegenstehen. Unser Gefühl erschließt uns den Hund als gefährlich, ohne dass dazu eine Bestätigung durch Überzeugungen nötig wäre (Stocker 1987, S. 65). Psychoanalytisch inspirierte Theorien supponieren eine Schicht »primitiver« Gefühle, die uns unabhängig von sozialisatorischen Einflüssen »von Natur aus« prägen. Es gibt, mit anderen Worten, Gefühle, die uns von Geburt an eigen sind (Furcht, Wut, Liebe, Freude, Trauer). Diese Gefühle, so die Annahme, sind zunächst (in früher Kindheit) nicht zugänglich für den Einfluss der Vernunft. Mehr noch, manche dieser Gefühle sind vielleicht nie zugänglich für diesen Einfluss (Deigh 1994, S. 851).

Es wird noch deutlich werden, dass das Problem der Widerständigkeit der Gefühle für kognitivistische Positionen ein ernstes Problem ist. Da alle kognitivistischen Positionen die Möglichkeit dieser Widerständigkeit anerkennen, müssen sie sich mit der Frage beschäftigen, wie es Gefühle geben kann, die prima facie nicht mit unseren expliziten Überzeugungen, Urteilen oder Wertungen zusammenhängen. Mit Blick auf die erwähnte Analogie zwischen Wahrnehmung und Gefühl sei nur angemerkt, dass sie eine wenig befriedigende Erklärung des Phänomens der Widerständigkeit bietet. Die Täuschung im Falle der Wahrnehmung hat offensichtlich etwas mit wahrnehmungsphysiologischen Fakten zu tun. Aber warum beharren unsere Gefühle? Nach den vorangegangenen Überlegungen müssten wir sagen, dass sie eine eigene Ebene der Wahrnehmung konstituieren, die beharrt, weil sie ihre eigene objektive Evidenz besitzt. Gefühle verstricken uns gleichsam stärker in Welt als Meinungen, so wie das, was ich selbst wahrnehme – zumindest für große Teile der traditionellen Philosophie –, eine größere epistemische Autorität auf mich ausübt als das Zeugnis anderer. Aber worauf genau beruht dieses Vermögen der stärkeren Verstrickung im Falle der Gefühle? Es gibt Gefühle, die schnell verschwinden, wenn wir sie mit einer Meinung konfrontieren, die ihnen widerspricht. Ein Problem der wahrnehmungsorientierten Ansätze ist ihr Unvermögen zu erläutern, aus welchen Quellen sich die für Gefühle konstitutiven Wahrnehmungen speisen. Wenn Roberts schreibt, das Gefühl der Schuld laufe darauf hinaus, sich selbst voller Sorge als schuldig wahrzunehmen (Roberts 1988, S. 189), dann wissen wir nicht, warum sich das schuldige Subjekt als schuldig wahrnimmt. Mehr noch, wenn wir wissen wollen, was es heißt, sich schuldig zu fühlen, dann reicht es nicht, sich auf die spezifischen schuldbegleitenden Wahrnehmungen zu beziehen, denn diese könnten ihrerseits ja auf ein vorrangiges Schuldgefühl verweisen. Schuldigsein heißt, sich schuldig zu fühlen – das ist wenig erhellend (D'Arms/Jacobson 2003, S. 131). Ein weiteres Problem wahrnehmungsorientierter Ansätze ist ihre Konzentration auf »aktuale« Gefühle, also auf Gefühle, die ein Subjekt in Form eines spürbaren Zustands erfassen. Auf die Kontroverse zwischen Dispositions- und Zustandstheorien der Gefühle ist weiter oben angespielt worden. Wie immer man dieses Kontroverse auflöst, zur Erklärung der Beharrungskraft mancher Gefühle scheint es häufig nötig zu sein, die individuelle und soziale Entwicklung einer Person in den Blick zu nehmen (Rorty 1980). Definitorisch ist es immer möglich, Gefühle als aktuale Zustände zu beschreiben und all das, was ihn voraus liegt oder was sie in ihrer Genese erklärt, mit anderen Begriffen zu belegen. Der Punkt, auf den es hier ankommt, ist aber folgender: Dass einzelne Gefühle ihre eigene Evidenz mit sich tragen und uns dazu veranlassen, ihnen zu glauben, lässt sich in vielen Fällen nicht einfach nur auf ihren wahrnehmungsanalogen Charakter zurückführen. Wir brauchen hier ein reichhaltiges psychologisches (und gelegentlich anthropologisches) Vokabular, das uns besser in die Lage versetzt, dieses Phänomen angemessen zu beschreiben.

Ein Punkt sei hier noch angefügt: Wie bloße Urteile von gefühlsmäßigen Urteilen unterschieden werden mussten und bloße Gedanken von gefühlsmäßigen Gedanken, so müssen auch Wahrnehmungen von gefühlsmäßigen Wahrnehmungen unterschieden werden. Döring und Peacocke sprechen deswegen von einer »affektiven Art der Wahrnehmung« (Döring/Peacocke 2002, S. 95). Wie genau aber diese affektive Seite der Wahrnehmung zu verstehen ist, bleibt eher undeutlich. Damit finden wir an diesem Punkt eine Parallele zwischen den phänomenologischen und den wahrnehmungstheoretischen Ansätzen. Beide Ansätze wissen nicht recht, wie sie die physiologische Seite der Gefühle in ihren begrifflichen Rahmen einbauen sollen. Im Zweifelsfall wird schlicht bestritten, dass es eine solche Seite immer geben muss. Wir gelangen auf diesem Wege zu den bereits erwähnten gefühlsmäßigen Gedanken oder eben affektiven Wahrnehmungen, ohne genau zu wissen, wie plausibel es ist, Gedanken oder Wahrnehmungen spezifische Gefühle zuzuordnen.

Es ist nun möglich, die vorangegangenen Überlegungen in groben Zügen zusammenzufassen. Folgende Merkmale von Gefühlen liegen allen kognitivistischen Ansätzen zu Grunde: (a) Gefühle sind intentional auf ihre jeweiligen Gegenstände ausgerichtet. Sie werden damit zumeist von Stimmungen unterschieden, die ohne Intentionalität auskommen; (b) Gefühle sind wesentlich mit einem kognitiven Element verbunden, das mal als Gedanke, mal als Meinung, mal als Urteil, mal als Überzeugung, mal als begrifflicher Gehalt (Slaby 2008) gefasst wird; (c) Gefühle besitzen eine evaluative Dimension, das heißt sie bewerten Gegenstände oder Sachverhalte so oder so; (d) Gefühle sind in einem allgemeinen Sinne rational, sie können, je nach Ansatz, korrekt oder inkorrekt, angemessen oder unangemessen, wahr oder falsch sein. Dies sind in der Perspektive des Kognitivismus die wesentlichen Merkmale von Gefühlen. Weniger Konsens herrscht, wie gesehen, mit Blick auf die Rolle des Körpers und auch auf die voluntative Dimension.

In einem nächsten Schritt sollen nun kritische Stimmen zum Kognitivismus dargestellt werden. Manche Kritik gilt dabei einzelnen Aspekten des Kognitivismus, andere Kritiker verwerfen den Kognitivismus insgesamt oder meinen zumindest, dass er an schwerwiegenden Fehlern leidet. Am Ende dieses Abschnitts soll dann eine neuere Position des Kognitivismus skizziert werden, die in gewisser Weise darum bemüht ist, auf einzelne Kritikpunkte zu reagieren. Gemeint ist Martha Nussbaums Entwurf in *Upheavals of Thought* (2001). Die Diskussion ihrer Thesen soll noch einmal dazu beitragen, Stärken und Schwächen des Kognitivismus zu klären.

3 Kinder, Körper und Kognitionen

Die vorgestellten Varianten des Kognitivismus haben trotz unterschiedlicher Schwerpunktsetzungen ähnliche Fragen aufgeworfen. Wenn Gefühle auf Urteilen oder Überzeugungen beruhen, können dann auch Kleinkinder Gefühle haben? Lassen sich Gefühle hinreichend differenzieren, wenn man nur von ihrem kognitiven Gehalt ausgeht? Schließlich blieb auch die Rolle des Körpers in vielen Ansätzen undeutlich. In den letzten Jahren sind diese und andere Fragen innerhalb der Philosophie in den Vordergrund getreten. Martha Nussbaums umfangreiches Buch *Upheavals of Thought* kann als Versuch gedeutet werden, eine kognitivistische Theorie zu erarbeiten, die auf diese Fragen antworten kann.

Haben Kleinkinder Gefühle?

Wenn der Kognitivismus in seinen verschiedenen Varianten Recht hat, wird er Schwierigkeiten damit haben, Kleinkindern Gefühle zuzusprechen. Denn viele Autoren sind der Auffassung, dass sowohl das Verfügen über Intentionen als auch das Bilden von Urteilen, Überzeugungen oder Gedanken sprachabhängige Phänomene sind. Donald Davidson etwa meint, »ein Lebewesen könne keinen Gedanken haben, sofern es keine Sprache kann« (Davidson 2004, S. 176). Ist aber Sprache die Vorraussetzung für das Bilden von Gedanken und damit (wie viele Autoren meinen) auch von Intentionen, dann können Kleinkinder, die noch nicht über eine Sprache verfügen, offenbar keine Gefühle haben. Sie kennen sicherlich Schmerzen und Freude, Lust und Unlust, aber über diese basalen Empfindungen hinaus scheint ihr Gefühlsleben eher armselig zu sein. Können Kleinkinder eifersüchtig sein? Können sie stolz sein? Können sie Scham empfinden? Auch kognitivistische Entwicklungspsychologien wie die von Piaget sprechen Kindern erst in dem Augenblick komplexere Gefühle zu, in dem sie über kognitive Fähigkeiten verfügen. Und stärker phänomenologisch inspirierte Ansätze gehen davon aus, dass wir nur dann Gefühle haben können, wenn sich ihr Gehalt »sprachlich artikulieren lässt« (Slaby 2008, S. 280). Sie müssen folglich ebenfalls Kleinkindern komplexe Gefühle absprechen (obwohl sie ständig Furcht als Beispiel für ein begrifflich artikulierbares Gefühl heranziehen und man meinen könnte, dass nun gerade Furcht kleinen Kindern nicht abgesprochen werden kann).

Andererseits wirkt es merkwürdig, Kindern Gefühle vollständig abzusprechen. Kinder können sicherlich wütend sein. Selbst Eifersucht ist manchen Kindern nicht fremd. Und wie steht es mit Neugier, Aufgeregtheit oder Empathie? Der Kognitivismus, soviel ist sicher, muss Kleinkindern in der einen oder anderen Form komplexe Gefühle absprechen. Dies geschieht selten explizit, aber häufig, indem in den einschlägigen Theoriekontexten schlicht nichts über die möglichen Gefühle von Kindern gesagt wird. Dabei gibt es mittlerweile eine reichhaltige psychologische Literatur über die Gefühle von Kleinkindern (vgl. Bråten 1998), deren zentrales Resultat in dem folgenden Zitat von Trevarthen gebündelt wird: »Es ist eindeutig evident, dass Säuglinge bei ihrer Geburt [...] über ein kohärentes und differenziertes emotionales System verfügen, dass im Kleinstformat die ganze beobachtbare Reihe erwachsener Gefühle abdeckt.« (Trevarthen 1993, S. 73) Methodisch gesehen handelt es sich bei diesen psychologischen Studien um »funktionalistische« Gefühlstheorien, die untersuchen, welche kommunikative Rolle Gefühle von Geburt an in der Interaktion zwischen Säugling und Mutter oder früher Bezugsperson spielen. Gefühle, so eine wesentliche Annahme dieser Theorien, entstehen nicht einfach im monadischen Subjekt, das mit Gefühlen auf bestimmte Erfahrungen reagiert. Sie entstehen vielmehr zwischen Subjekten, die sich gegenseitig wahrnehmen und mit Hilfe von kommunizierten Gefühlen ihr Verhalten regulieren und aufeinander abstimmen. Gefühlsäußerungen sind in dieser Perspektive Signale, mit denen sich Subjekte über ihre jeweilige Befindlichkeit »informieren«. Trevarthen etwa hat die Interaktion zwischen Kleinkindern und ihren Müttern von Geburt an bis zum Alter von zwei Monaten filmisch festgehalten und in genauen Analysen nachgewiesen, dass Kinder schon früh sehr genau die emotionalen Signale der Fürsorgeperson »lesen« können und dementsprechend differenziert reagieren. Die Kinder drücken Unbehagen oder Zufriedenheit durch Bewegungen des Gesichts, der Hände oder des ganzen Körpers aus und nutzen darüber hinaus ihre Stimme, um auf diese Weise Befindlichkeiten zu kommunizieren. So sind Kinder in der Lage, durch Herstellen oder Aufheben des Blickkontakts zur Mutter deren Aufmerksamkeit zu steuern.

Trevarthen hat für diese Interaktion zwischen Mutter und Kind den Begriff der »Protokonversation« oder des »affektiven Dialogs« verwendet. Zu den Gefühlen, die durch diese Protokonversationen vermittelt werden, gehören etwa Neugier und Aufregung, Verwirrung und Empathie. Andere Studien erwähnen Ekel, Traurigkeit, Ärger, Furcht und Freude (Dornes 1993, S. 120). Darüber hinaus gibt es Studien, die annehmen, dass Kleinkinder früh dazu fähig sind, zwischen sich und anderen zu unterscheiden, und dass sie mit Interesse auf das Gefühlsleben des anderen reagieren (Thompson 1998). Dabei wird nicht geleugnet, dass dieses Vermögen der Empathie mit zunehmendem Alter komplexer wird. Es geht nur darum, wie früh die ersten Keime des empathischen Verhaltens gelegt werden. Kleinkinder, so bemerkt Thompson, »erkennen schon am Ende des ersten Jahres [...], dass die Gefühle eines anderen durch bestimmte Ereignisse ausgelöst werden, die auch auf sie selbst einwirken können, und dass der Gefühlsausdruck des anderen bedeutungsvolle Informationen enthalten kann, die für sie selbst relevant sind.« (1998, S. 149)

Wichtig für unsere Zusammenhänge sind nun die, wenn man so will, antikognitivistischen Schlussfolgerungen dieser Studien. Trevarthen geht davon aus, dass die von ihm thematisierten Gefühle ohne kognitive Schemata, ohne Ich-Bewusstsein und Selbst-Konzept auskommen (Trevarthen 1993, S. 52, 70). Um sich gefühlsmäßig auf Welt und Mitwelt zu beziehen, muss das Kleinkind nicht wissen, dass es sich auf Welt und Mitwelt bezieht, es muss kein Bewusstsein davon haben und sich selbst auch nicht im Lichte eines bestimmten Selbstbildes sehen, das dann in seine spezifischen Gefühlsreaktionen einginge. Gefühle bilden vielmehr ein eigenständiges System der Verhaltensregulierung, das auf seine Weise auf Wahrnehmungen, Handlungen und Urteile Einfluss nimmt. Gefühle sind also nicht wesentlich auf kognitive Elemente angewiesen, um sich als Gefühle zu konstituieren, sie prägen ihrerseits Wahrnehmungen, Handlungen und Urteile und regulieren, welche Informationen gesucht werden und welche nicht. Untergründig postuliert dieser Ansatz damit auch die Existenz einer Form vorsprachlicher Intentionalität (Vogel 2001, S. 177ff.). Dass Gefühle etwas signalisieren, impliziert ja, dass sie etwas repräsentieren, dass sie sich auf Welt und Mitwelt beziehen. Wird der Intentionalitätsbegriff auf diese Weise verwendet, dann fällt es leichter, auch Kindern und Kleinkindern Gefühle zuzusprechen.

Der Kognitivist hat nun angesichts dieser Herausforderung verschiedene Möglichkeiten zu reagieren: Er kann seinen eigenen Bezug auf das kognitive Element (etwa auf das Urteil) ins Vorsprachliche hinein ausweiten; er kann Gefühlsvorläufer von »echten« Gefühlen unterscheiden; er kann Gefühl und Gefühlsausdruck trennen oder aber die Existenz frühkindlicher Gefühle vollständig bestreiten. Diese Antwortstrategien können hier nicht im Einzelnen verfolgt werden. Die erste Strategie wird von Nussbaum herangezogen, so dass später mehr dazu zu sagen sein wird. Die Unterscheidung zwischen Gefühlsvorläufern und »echten« Gefühlen wirft ihre eigenen Probleme auf. Dort, wo sie Verwendung findet (Dornes 1993, S. 127), wird bestritten, dass es sich bei der Wut oder Empathie eines Kleinkindes um echte Wut oder Empathie handelt.

Der Umgang mit diesem Einwand ist nicht leicht. Tatsächlich gibt es immer wieder Versuche, Gefühle in Gruppen einzuteilen, und manche dieser Versuche entbehren nicht einer gewissen Plausibilität. Die Frage ist nur, ob das wesentliche Unterscheidungsmerkmal in diesem Zusammenhang das der Ab- oder Anwesenheit kognitiver Elemente ist. Komplexe Scham etwa wird häufig mit der Anwesenheit eines bestimmten Selbstbildes erklärt. Ich schäme mich, wenn ich den Eindruck habe, diesem internalisierten Selbstbild nicht mehr zu entsprechen. Aber es gibt auch eine Scham vor Nacktheit, die zumindest teilweise auf biologische Dispositionen zurückgeführt werden kann, und eine Scham, die auftritt, obgleich ich nicht glaube, meinem Selbstbild widersprochen zu haben. Es ist sicher sinnvoll, an dieser Stelle Schamtypen zu unterscheiden. Und es ist auch sinnvoll, diese Typen zueinander ins Verhältnis zu setzen. Die Frage ist nur, ob diese Typen hinreichend und erschöpfend unterschieden sind, wenn man sich auf die An- oder Abwesenheit von kognitiven Elementen beruft. Anders gesagt, selbst wenn es sinnvoll ist, frühe oder primitive Scham von später oder erwachsener Scham zu unterscheiden oder Gefühlsvorläufer und Gefühle begrifflich zu trennen, bleibt unklar, ob diese Unterschiede auf die An- oder Abwesenheit kognitiver Elemente hinauslaufen. Aus der Perspektive der Kleinkindpsychologie etwa lässt sich die These vertreten, dass Kleinkinder die Handlungen anderer zunächst emotional und wunschbezogen deuten und erst später auf der

Basis dieser frühen Deutungsversuche Überzeugungen ins Spiel bringen, um zu verstehen, warum andere tun, was sie tun: »Das Verständnis kognitiver Zustände entspringt einem vorausgegangenen Verständnis emotionaler Zustände.« (Dunn 2003, S. 339) Emotionales Verstehen: »Sie ist wütend, deswegen spricht sie nicht mit mir« wäre dann eine ontogenetische Voraussetzung für kognitives Verstehen: »Sie glaubt, dass ich die Scheibe zerschlagen habe, deswegen ist sie wütend und spricht nicht mehr mit mir«. Hier wird kein klarer Schnitt zwischen frühen und späten Gefühlen oder zwischen Gefühlsvorläufern und echten Gefühlen gemacht, vielmehr werden frühe Gefühle zur Grundlage späterer kognitiver Fähigkeiten. Wenn das stimmt, dann ist es ganz sinnlos, diesen frühen Gefühlen Echtheitscharakter abzusprechen oder sie nur für rudimentäre Gefühle zu halten. Kleinkinder haben ein reiches Gefühlsleben, und der Kognitivismus kann es nicht erklären.

Gefühle werden durch kognitive Elemente nicht hinreichend bestimmt

Auf diesen Punkt ist häufig angespielt worden. Viele kognitive Ansätze glauben, Gefühle unter Rekurs auf einzelne Überzeugungen oder Urteile individuieren zu können. Gefühle wie Scham, Schuld, Wut oder Hass haben dann ihre je eigenen Überzeugungen. Das Problem an diesem Punkt ist aber, dass es kaum möglich ist, einzelne Überzeugungsmuster mit bestimmten Gefühlen – und nur mit diesen! – in Verbindungen zu bringen. Gefühle werden also durch die mit ihnen verbundenen kognitiven Elemente nicht hinreichend bestimmt (Griffiths 1997, S. 29). Deswegen haben die phänomenologischen Ansätze die Art und Weise, wie ein Gefühl sich anfühlt, zum entscheidenden Individuierungskriterium erhoben. Wahrnehmungstheoretische Ansätze können dieses Problem erst dann angehen, wenn sie mit psychologischen oder anthropologischen Elementen verbunden werden.

Die undeutliche Rolle des Körpers

Nicht alle kognitivistischen Theorien vernachlässigen den Körper. Aber selbst dort, wo es nicht geschieht, bleibt seine Rolle eher untergeordnet (Downing 2000). Zumindest bleibt unklar, ob körperliche Veränderungen wesentlich zu Gefühlen dazu gehören oder ob sie bloß eine begleitende Rolle spielen. Wollheim etwa fragt: »Wann und warum kommen wir dazu, diese [körperlichen] Empfindungen als der Emotion intrinsisch zugehörig und nicht einfach als ihr bloß korreliert anzusehen?« (Wollheim 2001, S. 152) Der Unterschied zwischen einem »intrinsischen« und einem »korrelierten« Verhältnis des Körpers zum Gefühl mag nicht gleich ersichtlich sein. Wollheim selbst erwähnt ein (etwas merkwürdiges) Beispiel, das helfen soll, diesen Unterschied zu klären: Ein Junge wacht in feuchtem Gras auf und sieht einen Frosch auf seiner Brust. Er empfindet Furcht, spürt, wie sich sein Magen umdreht, und entwickelt daraufhin eine generelle Furcht vor Fröschen. Wie lässt sich nun klären, ob diese körperliche Reaktion intrinsisch mit der Furcht verbunden ist oder ob sie nur zufällig den ersten Auftritt des Froschs begleitet? Wollheim erwähnt verschiedene Möglichkeiten, die auf eine intrinsische Verknüpfung hindeuten: So könnte es sein, dass der Junge von nun an immer dann, wenn er Frösche sieht, auch körperlich auf diesen Anblick reagiert. Erinnert er sich dagegen an den ersten Vorfall oder imaginiert er Frösche, wird er vermutlich nicht mit einer körperlich spürbaren Furcht reagieren (obwohl selbst das wohl möglich ist), aber er wird in seiner Erinnerung oder Imagination auch die körperliche Reaktion erinnern oder imaginieren. Diese Fälle deuten auf eine intrinsische Verknüpfung von Gefühlen und körperlichen Reaktionen hin. Damit wird im Übrigen auch gesagt, dass die körperlichen Empfindungen, die mit Gefühlen einhergehen, nicht bloß neutrale physiologische Begleiter einer intentional beschreibbaren Furcht sind. Sie sind selbst gewissermaßen intentional aufgeladen. Ich fürchte mich also nicht vor einem Frosch und spüre dann noch, wie sich mein Magen umdreht. Das Umdrehen des Magens ist vielmehr Teil der Furcht und wird auch so wahrgenommen. In diesem Sinne involviert das Gefühl die ganze Person (Goldie 2000, S. 55).

Die bisherigen Überlegungen zum Verhältnis von Gefühl und Körper zwingen den Kognitivisten lediglich, seine Haltung zum Körper zu präzisieren. Sie zwingen ihn, körperliche Reaktionen in seine Gefühlsdefinition zu integrieren. Aber sie widerlegen seinen Ansatz noch nicht, da er nach wie vor darauf beharren kann, dass körperliche Reaktionen ohne kognitive Elemente keine Gefühle sind. Gefühle setzen sich, so könnte der Kognitivist nun sagen, aus körperlichen Reaktionen und aus kognitiven Elementen zusammen.

Die entscheidende Frage ist dann, wie genau Körper und Gefühl zusammenhängen. Lyons ging davon aus, dass physiologische Veränderungen durch Wertungen verursacht werden, ihnen mithin nachfolgen. Die Intentionalität des Gefühls ruht damit ganz auf dem wertenden Element, die körperliche Reaktion ist demgegenüber intentional blind, auch wenn sie als wesentliche Komponente in die Gefühlsdefinition einfließt. Nun ist aber schon auf Überlegungen hingewiesen worden, die auch den körperlichen Reaktionen eine gewisse Intentionalität unterstellen. Goldie hat diese Intentionalität als »geliehen« bezeichnet, da sie sich gleichsam den kognitiven Elementen verdankt (Goldie 2000, S. 54). Kategorisch heißt es bei ihm: »Körperliche Empfindungen allein können dir nicht offenbaren, worauf sich dein Gefühl bezieht.« (Ebd., S. 58) Eine Richtung erhalten körperliche Empfindungen nur, sofern sie im Rahmen eines stets auch kognitiv gefärbten Gefühlszusammenhangs auftreten.

Demgegenüber gibt es, wie weiter oben schon deutlich wurde, Ansätze, die körperlichen Reaktionen eine eigene Intentionalität zusprechen oder, genauer, die unserer Wahrnehmung körperlicher Reaktionen eine eigene Intentionalität zusprechen. Damit ist dann etwa gemeint, dass sich schon Schmerzen als etwas »präsentieren«, auf das wir uns konzentrieren, das wir aber auch ignorieren können. Schmerzen sind insofern nicht einfach nur subjektiv spürbare Zustände, die uns keinerlei Informationen über sich oder die Außenwelt vermitteln, sie sind vielmehr Zustände, zu denen wir uns geistig so oder so verhalten können, und geben uns Auskunft über unseren Körper (Crane 1998, S. 237). Wir haben es hier mit Elementen einer Wahrnehmungstheorie körperlicher Prozesse zu tun. So wie wir Wahrnehmung und Wahrgenommenes unterscheiden können, können wir auch Empfindung und Empfundenes unterscheiden. Die Pointe dieser Überlegungen mag vielleicht nicht gleich auf der Hand liegen. Aber wenn körperliche Prozesse uns gleichsam Auskunft über unseren Körper geben – und zwar eine Auskunft, die wir beachten, aber auch ignorieren können –, dann könnte es sein, dass die Intentionalität von Gefühlen nicht ausschließlich an kognitiven Elementen hängt. Die körperliche Reaktion auf einen Reiz verrät mir schon an sich etwas über den Zustand meines Körpers und damit auch über meinen allgemeinen Zustand (Prinz 2004, S. 57). Kurz, körperliche Reaktionen enthalten von sich aus Informationen, die eine intentionale Bezugnahme möglich machen. So könnten wir körperliche Reaktionen an uns bemerken, ohne dass wir wüssten, mit welchem Gefühl sie einhergehen oder für welches Gefühl sie stehen. Wir begegnen einem alten Bekannten und fühlen uns sofort unwohl. Wir wissen aber nicht, woran das liegt. In einem solchen Fall könnte die körperliche Empfindung auf ein verborgenes oder schwelendes Gefühl verweisen. Wir könnten versuchen, herauszufinden, was uns an dem Bekannten missfällt, könnten versuchen, uns an unser Verhältnis zu ihm zu erinnern. Die körperliche Empfindung gibt in diesem Fall den Anstoß zum Reflektieren der Situation und zum Individuieren des Gefühls. In ihr verbirgt sich gleichsam eine Einstellung, die ihrerseits überhaupt erst Gedanken freisetzt (Wollheim 2001, S. 153f.).

»Aufruhr der Gedanken«: Martha Nussbaum

Damit sind einige kritische Gesichtspunkte zu den kognitivistischen Ansätzen vorgebracht worden. Die Kritik ist dabei in gewissen Zügen noch relativ intern geblieben. Sie hat auf Probleme, ungeklärte Fragen und theoretische Engpässe verwiesen, aber sie hat den Kognitivismus nicht in Bausch und Bogen verdammt. Viele der genannten Punkte machen allerdings unmissverständlich deutlich, dass der Kognitivismus seinen begrifflichen Rahmen erweitern muss, will er mit den angesprochenen Schwierigkeiten angemessen umgehen. Kein philosophischer Entwurf hat einen solche Erweiterung so offensiv gewagt wie Martha Nussbaum in ihrem Buch *Upheavals of Thought* (2001), das deswegen in seinen Grundzügen kurz skizziert werden soll (vgl. auch Hartmann 2002).

Nussbaums zentrale Definition der Gefühle lautet, frei übersetzt, so: »Gefühle [...] involvieren Urteile über wichtige Dinge, Urteile, die einen äußeren Gegenstand als relevant für unser Wohlbefinden einschätzen (*appraise*) und damit unsere Bedürftigkeit und Unvollständigkeit gegenüber einer Welt anerkennen, die wir nicht vollständig kontrollieren.« (Nussbaum 2001, S. 19) Diese Definition enthält eine ganze Reihe von Andeutungen, auf die hier nicht weiter eingegangen werden kann. So involvieren Gefühle für Nussbaum offenbar nicht einfach nur Urteile, sondern spezielle Urteile, in denen sich zwei anthropologische Elemente verbinden: zum einen unsere Angewiesenheit auf eine unseren Absichten und Wünschen entgegenkommende Welt, zum anderen unser Unvermögen, die damit verbundenen Abhängigkeiten in kontrollierender Absicht zu manipulieren. Dies klingt zunächst wie eine Definition, die vor allem für negative Gefühle Platz schafft; in dem Maße, in dem wir Welt kontrollieren wollen, reagieren wir enttäuscht (oder, je nach Kontext, verärgert, wütend, mit Trauer), wenn uns das nicht gelingt. Nussbaum geht aber auch davon aus, dass etwa der Liebende seine Angewiesenheit auf ein Wesen anerkennt, dessen Handlungen und Motive er nicht vollständig kontrollieren kann oder will. Der Liebende akzeptiert seine Angewiesenheit auf einen anderen und verzichtet aus freien Stücken auf kontrollierende Maßnahmen.

Diese Überlegungen machen deutlich, wie umfassend Nussbaum ihren Gefühlsbegriff einführt. Wichtiger ist hier aber ihre Verwendung des Urteilsbegriffs. Indem Nussbaum Gefühle als Urteile bezeichnet, reiht sie sich offenbar nahtlos in die lange Liste kognitivistischer Theoriemodelle ein. Diese Vermutung findet sich bestätigt, wenn Nussbaum wiederholt »kognitive Elemente« oder »Überzeugungen« (*beliefs*) als wesentliche Bestandteile einer Gefühlsdefinition bezeichnet (ebd., S. 34). Fragt man nach der spezielleren kognitivistischen Variante, die Nussbaum vertritt, scheint darüber hinaus nur die »rein« kognitivistische in Frage zu kommen. Weder ist in ihrer Definition von körperlichen noch von phänomenologischen Elementen die Rede. Und tatsächlich weist Nussbaum die Annahme zurück, Gefühle würden notwendig von körperlichen Veränderungen begleitet. Trauer könne zwar einen veränderten Blutdruck oder eine veränderte Herzschlagfrequenz nach sich ziehen, aber wenn diese Phänomene ausbleiben, können wir jemanden, so Nussbaum, trotzdem traurig nennen (ebd., S. 57–58). Phänomenologische Elemente wiederum werden von Nussbaum unter Hinweis auf die Möglichkeit unbewusster Gefühle abgelehnt, da sich unbewusste Gefühle naturgemäß nicht so oder so anfühlen können (ebd., S. 61).

Wodurch unterscheiden sich dann aber Urteile des Gefühls von normalen oder »gefühllosen« Urteilen, deren Existenz Nussbaum durchaus zugesteht? Beide Urteilsformen sind evaluativ strukturiert, das heißt, beide bewerten ihre jeweiligen Gegenstände als gut oder als schlecht, als nützlich oder unnütz etc. Aber, und das scheint der entscheidende Unterschied zu sein, nur die Urteile des Gefühls richten sich auf für uns wichtige Gegenstände, also auf solche, die wir in irgendeiner Weise kontrollieren und uns aneignen wollen, die wir brauchen, die wesentlicher Bestandteil unseres Wohlbefindens sind. Auf der anderen Seite können wir Tätigkeiten, Personen oder Gegenstände für noch so wertvoll halten – wenn sie uns nicht wichtig sind, werden wir ihnen nicht mit Gefühl begegnen. Es ist damit unsere spezifische Wahrnehmung der intentionalen Gegenstände unserer Urteile, durch die sich Urteile des Gefühls von gefühllosen Urteilen unterscheiden: »Furcht unterscheidet sich von Hoffnung [...] durch die Art und Weise, wie der Gegenstand gesehen wird (*is seen*).« (Ebd., S. 28) Um Gefühle handelt es sich bei Furcht und Hoffnung, weil uns das, wovor wir uns fürchten, oder das, worauf wir hoffen, wichtig ist. Der Unterschied zwischen Furcht und Hoffnung beruht dann auf der genaueren Charakterisierung des ihnen zugrunde liegenden Urteils.

Es ist offensichtlich, dass Nussbaum den Urteilsbegriff damit an den Wahrnehmungsbegriff heranführt. Wirklich ausführlich hat sie sich aber mit der von ihr herangezogenen Wahrnehmungsanalogie nicht beschäftigt. Sie nutzt sie vor allem, um ihren Urteilsbegriff so auszudehnen, dass es möglich wird, Kleinkindern und sogar Tieren Gefühle zuzusprechen. An einer entscheidenden Stelle heißt es dazu: »Wir brauchen [...] einen vielschichtigen Begriff der kognitiven Interpretation oder des Sehens-als, der begleitet wird von einem flexiblen Intentionalitätsbegriff.« (Ebd., S. 129) Will Nussbaum Tieren und Kleinkindern Gefühle zusprechen, dann muss sie ihnen Urteilsvermögen zusprechen. Um das wiederum zu tun, spricht sie ihnen das Vermögen evaluativer Wahrnehmung zu. Wir nehmen Gegenstände ja auch dann wahr, wenn wir noch nicht über Sprache verfügen oder wenn wir uns unserer Wahrnehmungen nicht bewusst sind. Nussbaums Annahme ist nun offenbar, dass Wahrnehmungen, die »gefühlvoll« sind, per se eine evaluative Ausrichtung besitzen. Ärgert sich das Kind über seine Mutter, dann »sieht« es die Mutter negativ und urteilt damit auf einer ganz und gar vorsprachlichen Ebene. Genau aus diesen Eigenschaften der Wahrnehmung folgert Nussbaum (ebd., S. 126–128), dass Kleinkinder und Tiere Gefühle haben können. Bei Kleinkindern muss dann lediglich das Bedürfnis hinzukommen, die Welt kontrollieren zu wollen, denn nur so wird eine gewisse Angewiesenheit auf eine entgegenkommende Welt anerkannt. Auch Tiere können die Welt oder einen Ausschnitt von ihr als bedrohlich wahrnehmen, und genau diese Wahrnehmung konstituiert dann ihr Gefühl der Furcht.

Damit kann Nussbaum, so sieht es auf den ersten Blick aus, auf einige der üblichen Einwände gegen kognitivistische Positionen reagieren. Allerdings ist schon angedeutet worden, an welchem Punkt die Wahrnehmungsanalogie an ihre Grenze gelangt. Die evaluativen Komponenten von Gefühlen muss Nussbaum kognitivistisch rekonstruieren. Das aber heißt: Sie muss einen vorsprachlichen Begriff von Kognition oder Überzeugung haben, muss mithin erläutern, wie es möglich ist, von etwas überzeugt zu sein oder etwas zu beurteilen, ohne über Sprache und Bewusstsein zu verfügen.

Es soll hier nicht kategorisch bestritten werden, dass sich Weltzustände vorsprachlich repräsentieren lassen. Nussbaum allerdings verzichtet auf eine genauere Erläuterung dieser Problemzusammenhänge und schwächt damit die Erklärungskraft ihrer kognitivistischen Variante. Am Ende bleibt undeutlich, wie sich Urteile des Gefühls von gefühllosen Urteilen unterscheiden. Reicht der Hinweis auf die unterschiedliche Art der Wahrnehmung aus? Es sei noch einmal betont: Urteile des Gefühls machen sich nicht physiologisch bemerkbar. Auch müssen sie nicht phänomenologisch auffällig sein. Aber woran erkenne ich dann, dass mein wertendes Urteil mit Gefühl einhergeht oder eben ein Gefühlsurteil ist? Nussbaums Antwort, wonach ich es an der unterschiedlichen Art erkenne, wie ich den Gegenstand jeweils sehe, provoziert die Frage: Wodurch unterscheidet sich denn die eine Art von der anderen? Eine mögliche Antwort auf diese Frage wäre natürlich, dass sich die Wahrnehmungsarten unterscheiden, weil sie jeweils von unterschiedlichen Gefühlen gespeist werden. Mit anderen Worten, ob ich einem Gegenstand mit Wut oder Trauer begegne, hängt daran, ob ich eine wütende oder eine traurige Empfindung habe. Nussbaum will Gefühle kognitiv differenzieren, das heißt, sie geht davon aus, dass sich Wut oder Trauer mit Blick auf die ihnen zugrunde liegenden Gedanken unterscheiden lassen. Bei Kindern und Tieren bietet sich diese Differenzierungsart aber nicht an, und auch die Forderung nach einem flexiblen Intentionalitätsbegriff verrät noch nicht, wie genau ein vorsprachlicher Intentionalitätsbegriff aussehen kann. Damit ist nicht gesagt, dass Kinder keine Gefühle haben. Gefragt wird nur, ob diese Gefühle notwendig unter Bezug auf ein kognitivistisches Vokabular (Intention, Überzeugung, Gedanke etc.) erläutert werden müssen. Ohnehin ist es schwierig, Gefühle zu charakterisieren, ohne auf die Gefühlswörter zu rekurrieren, die man charakterisieren möchte. Könnte es dann aber nicht sein, dass es eine Reihe von Gefühlen gibt, die sich kognitiv nicht angemessen differenzieren lassen und ihrerseits erst kognitive Prozesse veranlassen (Pugmire 1998, S. 55ff.)?

Vielleicht hilft an dieser Stelle der Titel ihres Buchs weiter: *Upheavals of Thought*. Dass Gefühle unsere Gedanken »aufwühlen« oder sie in Aufruhr versetzen, erinnert an Stockers Rede von »emotional thoughts«. Gefühlsurteile scheinen intensiver zu sein als neutrale Urteile, da sie uns stärker involvieren und mitreißen. Aber wodurch sind intensive Gedanken gekennzeichnet? Denken wir sie häufiger? Geben sie, anders als neutrale Gedanken, Anlass zu weiterführenden Gedanken? Rufen sie Erinnerungen in uns wach, wecken sie Erwartungen? Nussbaum gibt auf diese Fragen keine befriedigende Antwort. Dies liegt daran, dass es schwer fällt, die Kategorie der »Intensität« nicht-physiologisch oder nicht-phänomenologisch zu rekonstruieren. Wir können uns vorstellen, dass unser Herz intensiv schlägt oder unsere Hände intensiv schwitzen, aber es ist weniger einleuchtend, von intensiven Gedanken zu sprechen. Dagegen kennen wir intensive Scham oder intensive Wut (Pugmire 1998, S. 43). Will man diese graduellen Abstufungen der Gefühle nicht physiologisch erklären, ließen sie sich vielleicht an unserer Bereitschaft bemessen, auf der Grundlage unserer Wut oder Scham so oder so zu handeln, aber Nussbaum geht nicht davon aus, dass eine solche Handlungstendenz wesentlich zu Gefühlen gehört (Nussbaum 2001, S. 135). Wie aber werden Gefühle dann »intensiv«?

Der zentrale Punkt dieser Überlegungen ist, dass nicht geklärt ist, wie sich Gefühle unabhängig von körperlichen Reaktionen, Handlungstendenzen und phänomenalen Eigenschaften hinreichend bestimmen lassen sollen. Auch die metaphorisierende Rede von Gefühlen als Wahrnehmungen kann die erwähnten Schwierigkeiten nicht beseitigen, solange die Wahrnehmungstheorie kognitivistisch unterfüttert ist. Nussbaums Ansatz enthält zweifellos eine ganze Reihe wertvoller Einsichten. Die bisherigen Überlegungen sollten ohnehin nicht die Aufgabe haben, den Kognitivismus gänzlich zu verurteilen. Sie sollten nur auf einzelne Probleme hinweisen, die auf dem Boden kognitivistischer Annahmen unausweichlich entstehen. Vor einer genaueren Einschätzung des Status der vorgetragenen Kritik wird es aber dennoch hilfreich sein, sich Ansätzen zuzuwenden, die sich relativ dezidiert vom Kognitivismus verabschieden. Wir haben es hier schließlich auch mit den Theorien zu tun, die in der Öffentlichkeit größeres Interesse hervorgerufen haben.

4 Psychologie und Hirnforschung

> Der philosophischen Kritik an kognitivistischen Ansätzen ist in den letzten Jahren eine psychologische und hirnphysiologische Kritik zur Seite getreten. Zwei Aspekte sind dabei besonders intensiv verhandelt worden: zum einen die von Damasio vorgetragene These, wonach rationale Entscheidungen oft auf Gefühlen beruhen. Zum anderen die Vorstellung, es gebe eine Schicht von automatischen Reaktionen auf gefühlsrelevante Reize, die ohne Vermittlung kognitiver Elemente auskommt. Eine schnell ablaufende Furchtreaktion etwa besitzt in den Augen vieler Hirnforscher Charakteristika einer programmierten Reaktion. Das Modell der Affektprogramme dient dazu, diese automatischen Gefühlsreaktionen systematisch darzustellen. Doch auch diese Deutung des menschlichen (und tierischen) Gefühlslebens besitzt ihre Probleme.

Im Zuge der Auseinandersetzung mit den kognitivistischen Theorieansätzen der Philosophie zeigte sich bereits, in welchem Maße sich manche Fragen nur empirisch klären lassen. Will man nicht einfach nur postulieren, dass körperliche Veränderungen wesentlich zum Gefühlsleben gehören, wird man bereit sein müssen, diese Frage empirisch untersuchen zu lassen, sofern das möglich ist. Andererseits wurde auch deutlich (etwa in der Auseinandersetzung mit den Thesen von Schachter und Singer), dass empirische Verfahren nur im Lichte bestimmter definitorischer Vorannahmen durchgeführt werden, deren spezifischer Gehalt zunächst vorempirisch postuliert wird. Ein scheinbarer Ausweg aus dem Dilemma, das sich damit ankündigt, besteht darin, die jeweils zugrunde gelegten Definitionen konstant zu halten. Man postuliert einfach, dass kognitive Bewertungen notwendig zum Gefühlsphänomen gehören. All die Phänomene also, die ohne kognitive Elemente auskommen, können dann per definitionem keine Gefühle sein. In empirischer Perspektive ist diese Strategie allerdings problematisch, weil sie zum definitorischen Dogmatismus neigt. Vielleicht gibt es aber einen anderen Ausweg aus dem beschriebenen Dilemma. Was in verschiedenen Theoriekontexten als kognitive Bewertung bezeichnet wird, müsste gleichsam empirisch materialisiert werden, es müsste sich, mit anderen Worten, ebenso messen lassen wie die körperlichen Veränderungen, die mit Gefühlen gegebenenfalls einhergehen. Wenn wir das kognitive Element auf diese Weise materialisieren oder, wie man in der Philosophie häufiger sagt, naturalisieren können, dann sind wir vielleicht besser in der Lage, die Frage zu beantworten, ob diese Elemente tatsächlich wesentlich zum Gefühlsleben dazu gehören.

LeDoux, Damasio und der Schädel des Phineas Gage

Genau an diesem Punkt werden einige Varianten der Hirnforschung für die Gefühlstheorie relevant. Joseph LeDoux etwa möchte zwischen Gefühlen und Kognitionen trennen. Man sollte, so heißt es in seinem Buch *Das Netz der Gefühle*, »Emotion und Kognition am besten als getrennte, aber miteinander wechselwirkende mentale Funktionen verstehen, die durch getrennte, miteinander wechselwirkende Hirnsysteme vermittelt werden« (LeDoux 1998, S. 75). Der Bezug auf wechselwirkende Hirnsysteme zeigt klar, dass LeDoux je einen eigenen Bereich des Gehirns für kognitive und für gefühlsmäßige Prozesse reserviert. Dass hier tatsächlich zwei getrennte Bereiche vorliegen, wird dabei häufig auf indirekte Weise nachgewiesen. LeDoux und andere Hirnforscher wie Antonio R. Damasio arbeiten mit Patienten, die aufgrund einer Schädigung bestimmter Hirnregionen nicht mehr in der Lage sind, gefühlsmäßig auf Personen oder Sachverhalte zu reagieren. Gleichwohl sind diese Patienten oft durchaus in der Lage, Informationen kognitiv zu verarbeiten. Dementsprechend sieht es so aus, als würden Gefühl und Kognition separaten Systemen angehören.

Berühmt geworden ist der historische Fall des Phineas P. Gage aus dem Jahr 1848. Gage war Vorarbeiter bei einer Eisenbahngesellschaft und hatte dort die Aufgabe, Sprengungen durchzuführen, die das Verlegen von Gleisen ermöglichten. Bei einer dieser Sprengungen kommt es zu einem verhängnisvollen Unfall: Gage löst unfreiwillig eine Explosion aus, was dazu führt, dass sich eine Eisenstange durch seinen Kopf bohrt. Ich zitiere die plastische Schilderung Damasios: »Die Eisenstange tritt durch Gages linke Wange ein, durchbohrt die Schädelbasis, durchquert den vorderen Teil seiner Gehirns und tritt mit hoher Geschwindigkeit aus dem Schädeldach aus.« (Damasio 1995, S. 27) Wie durch ein Wunder überlebt Gage diesen Vorfall und kann deswegen lange von verschiedenen Ärzten behandelt und beobachtet werden. Auffällig ist, dass Gage auch nach dem Unfall in vollem Besitz seiner geistigen Fähigkeiten bleibt. Er kann sprechen, ist aufmerksam, er erinnert sich an Ereignisse und besitzt weiterhin ein normales Maß an Intelligenz. Und doch hat sich seine Persönlichkeit radikal verändert. Gage hat nach dem Vorfall das verloren, was man seine soziale Kompetenz nennen kann. Er flucht permanent, reagiert launisch, achtet seine Mitmenschen kaum, ist wankelmütig und völlig unfähig, Entscheidungen zu treffen oder Pläne zu schmieden, die auch ausgeführt werden.

Für Damasio, der Jahrzehnte später die Möglichkeit bekommt, Gages erhaltenen Schädel zu untersuchen, ergibt sich aus diesen überlieferten Fakten, dass mit dem Durchbohren des Schädels offensichtlich der Teil des Gehirns beschädigt wird, der für »soziale Konventionen und moralische Regeln« zuständig ist (ebd., S. 34). Eine für Damasio besonders wichtige Konsequenz dieser Schädigung ist, dass Gage, aber auch andere Patienten mit ähnlichen Schädigungen, das Vermögen verlieren, mit Gefühlen auf Situationen und Eindrücke zu reagieren. Diese »Gefühlsarmut« zeigt sich etwa dann, wenn man den Patienten Bilder schrecklicher Begebenheiten zeigt. Zwar wissen sie genau, was sie sehen, können es beschreiben und erfassen, aber es erweist sich als unmöglich, eine Gefühlsreaktion von ihnen zu erhalten. Aus diesen Fällen zieht LeDoux den Schluss, dass die »perzeptuelle Repräsentation eines Objekts und die Bewertung der Bedeutung eines Objekts [...] vom Gehirn getrennt verarbeitet [werden]« (LeDoux 1998, S. 75 f.). Wir können Gegenstände wahrnehmen und identifizieren, ohne um ihre emotionale Bedeutung zu wissen. Damasio wiederum kommt zu dem Schluss, dass Gefühlsarmut oder Gefühlsblindheit (im Fachjargon: Alexithymie) die Betroffenen daran hindert, Entscheidungen zu treffen, weil sie nicht länger in der Lage sind, verschiedenen Handlungsmöglichkeiten orientierende Werte zuzuordnen. Ihre »Entscheidungslandschaft« flacht ab (Damasio 1995, S. 85). Mit dieser Beschreibung ist die Annahme verbunden, dass Gefühle uns in vielen wichtigen Entscheidungssituationen gleichsam die Entscheidung abnehmen, weil die mit ihnen wesentlich verbundenen Wertungen unterhalb der Schwelle des Bewusstseins eine

Auswahl vornehmen oder nahelegen. Rationalität im Sinne der Fähigkeit, die für sich richtige Entscheidung zu treffen, hängt dementsprechend immer auch von Gefühlen ab.

Ist das erst einmal nachgewiesen, folgt eine ganze Reihe weiterer Annahmen. So geht LeDoux davon aus, dass das Gehirn wissen kann, ob ein Objekt für den menschlichen Organismus zu- oder abträglich ist, noch bevor es genau weiß, mit was für einem Objekt es zu tun hat. Ferner sind die Systeme, die die emotionale Bewertung eines Objekts vornehmen, direkt mit den für die Steuerung des menschlichen Verhaltens zuständigen Systemen verbunden, so dass wir es hier mit »automatischen« Reaktionen zu tun haben. Verarbeiten wir einen Reiz dagegen kognitiv, sind wir in unserer Reaktion flexibler. Schließlich werden gefühlsmäßige Reaktionen in der Regel von körperlichen Empfindungen begleitet, was bei bloßen Gedanken nicht der Fall ist (LeDoux 1998, S. 76 f.). Ganz allgemein spricht LeDoux Gefühlen eine spezifische Funktion zu, nämlich den Organismus auf Objekte oder Situationen hinzuweisen, die für sein Überleben entscheidend sind.

Damit sind die wesentlichen Elemente genannt, die für den Kognitivismus problematisch zu sein scheinen. Die Vorstellung, die LeDoux zum Ausdruck bringt, ist folgende: Wir verfügen über angeborene Mechanismen, die uns erlauben, schnell und automatisch, das heißt ohne notwendiges Dazwischenschalten des kognitiven Systems, auf überlebenswichtige Reize zu reagieren. Aber ist es auf der Basis dieser Annahmen wirklich richtig, von einer antikognitivistischen Position zu sprechen?

Wichtig ist in diesem Zusammenhang das Vermeiden eines Missverständnisses. Wenn LeDoux von Systemen redet, die eine »emotionale Bewertung« bestimmter Objekte vornehmen, dann geht es offenbar auch hier um die Bewertungen, die mit Gefühlen einhergehen. Sehen wir vor uns eine Schlange, dann informiert uns unser Arbeits- oder Kurzzeitgedächtnis in Zusammenarbeit mit dem Langzeitgedächtnis darüber, »daß diese Tierart gefährlich sein kann«, und nimmt damit für uns eine Bewertung der Schlange vor. LeDoux spricht hier ganz explizit von einer »kognitiven Repräsentation« der Schlange (ebd., S. 305). Was gemeint ist, liegt auf der Hand. Ob ich auf einen gegenwärtigen Reiz mit Furcht reagiere, hängt auch davon ab, welche Erfahrungen mit ähnlichen Reizen in meinem Gedächtnis gespeichert sind. Auf irgendeiner Ebene scheint also die Information »Schlangen sind gefährlich« zur Bildung einer Gefühlsreaktion nötig zu sein. Haben wir es dann aber nicht doch mit einer kognitivistischen Unterfütterung der Gefühle zu tun? LeDoux hat schließlich von »wechselwirkenden« Systemen gesprochen – die Gefühlssysteme interagieren offensichtlich auf komplexe Weise mit den kognitiven Systemen.

Die Frage, um die es hier geht, kreist um folgenden Punkt: Ist es sinnvoll, eine im Gedächtnis gespeicherte Information (»Schlangen sind gefährlich«), die ohne Bewusstsein in einer konkreten Situation abgerufen werden kann, als Kognition zu bezeichnen? Wenn LeDoux schreibt, er habe den Wunsch gehabt, die »Emotion davor zu bewahren, daß sie vom kognitivistischen Drachen verschlungen wird«, dann hat er offenbar nicht die kognitivistischen Repräsentationen des Arbeits-und Langzeitgedächtnisses im Sinn. Ihm scheint es lediglich absurd, »logische Gedanken über Situationen« als Wesen der Gefühle zu bestimmen (ebd., S. 75). Das ist zwar nicht sehr klar formuliert, aber es deutet darauf hin, dass LeDoux den Gedanken zurückweist, wonach sich Gefühle durch Urteile oder Überzeugungen kennzeichnen lassen, die sprachlich oder propositional ausformuliert sind. Die Informationen unseres Arbeits- und Langzeitgedächtnisses sind in diesem Sinne vorsprachlicher Art, weswegen LeDoux auch keine Probleme damit hat, zahlreichen Tierarten Gefühle zuzusprechen. So veranschaulicht er seine Thesen immer wieder mit der Furchtreaktion, die Ratten aufweisen, wenn sie mit realen oder mit konditionierten Gefahren umgehen müssen, glaubt aber, es sei auf der Basis seiner Rattenexperimente möglich, auf das Gefühlsleben des Menschen zu schließen. Am Ende des Buchs heißt es dann auch explizit, dass Gefühle in evolutionärer Perspektive »nicht als bewußte, sprachlich oder sonstwie differenzierte Gefühle entstanden [sind], sondern als Hirnzustände und körperliche Reaktionen« (ebd., S. 325).

Es soll hier nicht näher auf die Einzelheiten des LeDouxschen Ansatzes eingegangen werden, die sich vor allem mit der Frage beschäftigen, welche Teile des Gehirns an Furchtreaktionen beteiligt sind. Es erscheint aber auf der Basis seiner Überlegungen sinnvoll, einen starken von einem schwachen Kognitivismus zu unterscheiden. Der starke Kognitivismus assoziiert mit dem Begriff der Kognition sprachlich-propositional ausformulierbare Gedanken. Der schwache Kognitivismus verwendet stattdessen einen relativ unbestimmten Informationsbegriff, auf dessen Basis automatisierte Bewertungsprozesse möglich sind. Hinzuzufügen ist noch, dass der Unterschied zwischen starkem und schwachem Kognitivismus nicht der Unterschied zwischen bewussten und unbewussten Kognitionen ist. Wir haben schon gesehen, dass viele Kognitivisten durchaus bereit sind, die Existenz unbewusster Gefühle und damit auch die Existenz unbewusster Kognitionen einzuräumen. An diesem Punkt kann der Unterschied also nicht liegen, obgleich gerade LeDoux nicht selten genau diesen Eindruck erzeugt.

Räumt man die Existenz eines solchen schwachen Kognitivismus ein, dann wird sich kaum leugnen lassen, dass alle Gefühle (möglicherweise im Unterschied zu bloßen Reflexen) ihr Objekt oder ihren Reiz »bewerten«. Man kann natürlich einwenden, es sei nicht sinnvoll, hier noch länger von »Kognitionen« zu sprechen, weil wir mit diesem Begriff normalerweise mehr oder weniger anspruchsvolle mentale Prozesse verbinden, aber das scheint tatsächlich eine reine Definitionsfrage zu sein, von der nicht sehr viel abhängt. In psychologischen Kontexten ist in diesem Zusammenhang oft von »appraisals« die Rede, von »Bewertungen«, und es mag sinnvoll sein, diesen Begriff auch in philosophischen Kontexten häufiger zu verwenden, um hier einen deutlicheren Unterschied zu markieren. Aber auch der Begriff der »Bewertung« ist nicht ohne Fallstricke, so dass einem vorerst nichts weiter übrig bleibt, als immer wieder auf die Bedeutungen hinzuweisen, die man einem Begriff zu geben gedenkt.

Wichtiger ist es nun, den Blick auf LeDoux' Formulierung von den »Emotionssystemen« zu lenken. Diese Formulierung verweist auf eine Schicht neuronal organisierter Gefühle, die auf bestimmte Reize automatisch folgen. In ähnlicher Weise spricht Damasio von »primären Gefühlen«, ergänzt diesen Punkt allerdings noch durch eine Unterscheidung, die wir so in der Alltagssprache nicht vornehmen. Er unterscheidet zwischen »emotions« und »feelings«, was in *Descartes' Irrtum* (1995) noch mit »Gefühl« und »Empfindung«, in *Ich fühle, also bin ich* (2000) und *Der Spinoza-Effekt* (2003) allerdings mit »Emotion« und »Gefühl« übersetzt wird. Der Einfachheit halber wird hier die jüngere Übersetzungsvariante verwendet. Wir unterscheiden begrifflich in der Regel nicht zwischen Emotionen und Gefühlen, aber für Damasio hängt an dieser Unterscheidung ein wichtiger systematischer Punkt. Emotionen sind, wie es in *Der Spinoza-Effekt* heißt, »Akte oder Bewegungen, die größtenteils öffentlich und sichtbar für andere sind, während sie sich im

Gesicht, in der Stimme und in bestimmten Verhaltensweisen manifestieren« (Damasio 2003, S. 38). Emotionen sind körperlich wahrnehmbare und messbare Phänomene, die durch bestimmte emotional relevante Stimuli ausgelöst werden. Sie gehen den Gefühlen evolutionär voraus und sind mithin die einfacheren Phänomene. Liegen bestimmte emotional relevante Stimuli vor, dann laufen die emotionalen Reaktionen automatisch ab, das heißt, sie sind nicht auf ein Dazwischentreten unseres Bewusstseins angewiesen.

Was sind dagegen Gefühle (*feelings*)? Gefühle sind nach Damasio die Repräsentationen der emotionalen Reaktionen im Gehirn. Sie bilden diese Reaktionen gleichsam im Geist ab, registrieren sie, nehmen sie wahr. Ein Beispiel mag hier helfen: Liege ich glücklich an einem sonnigen Strand, dann ist die Emotion das körperlich messbare Wohlbehagen, die warme Haut, der leichte Atem, die entspannte Muskulatur. Das Gefühl »Glück« aber ist die Wahrnehmung dieses bestimmten Körperzustands im Gehirn. Glück ist folglich nicht mit bloßen körperlichen Reaktionen gleichzusetzen; es wird vielmehr durch unsere Wahrnehmung dieser Reaktion definiert, durch das Bewusstsein, das wir von ihr haben. »Ein bestimmtes Gefühl zu empfinden«, so Damasio, »[...] ist die Wahrnehmung, dass sich der Körper in einer bestimmten Verfassung befindet.« (Ebd., S. 106) Damasio spricht häufig auch davon, dass mit dem Gefühl neuronale »Kartierungen« bestimmter Körperzustände in unserem Gehirn vorliegen. Verändert sich die Landschaft unsere Körpers in irgendeiner Hinsicht – und das ist bei Emotionen immer der Fall –, dann wird diese Veränderung auf der Karte, die in unserem Gehirn vorliegt, vermerkt, so dass wir es nicht mit einer starren, unveränderlichen Karte, sondern mit einer beweglichen, interaktiven Karte zu tun haben.

Gefühle richten sich nach Damasio also nicht auf etwas in der Welt, sie sind nicht intentional auf Personen oder Sachverhalte bezogen, sie richten sich vielmehr auf Zustände unseres Körpers, auf physiologisch beschreibbare Veränderungen. Man kann schnell erkennen, in welchem Maße Damasio James' Modell aufnimmt und hirnphysiologisch umformuliert, und tatsächlich dient James vielen Hirnforschern und Psychologen der Gegenwart als früher Vorläufer. Diese Tatsache ist deswegen interessant, weil James' Gefühlstheorie in der Philosophie so gut wie keine Anhänger mehr hat und in ganz verschiedenen philosophischen Kontexten immer wieder heftig kritisiert worden ist.

Wo liegt nun die Pointe der Unterscheidung von Emotion und Gefühl? Sie wird vielleicht deutlicher, wenn die biologische Funktion beider Phänomene berücksichtigt wird. Mit Emotionen reagieren wir instinktiv auf bestimmte Umweltreize und können so unser Verhalten an die jeweilige Umgebung anpassen. Ein unbekanntes Geräusch im dunklen Wald, und schon laufen wir schneller, blicken uns um oder suchen Hilfe. Emotionen dienen letztlich dem Überleben des Organismus, der mit ihrer Hilfe Tuchfühlung zur Welt bewahrt. Da Gefühle auf Emotionen reagieren, gilt für sie das Gleiche; auch sie verbessern die Überlebenschancen des Organismus. Mehr noch, da sie bewusster sind als Emotionen, sind sie auch vielfältiger nützlich als diese. Wir können uns angenehme Situationen merken, können versuchen, sie wieder herzustellen, wir registrieren Unangenehmes und weichen ihm in Zukunft aus. Gefühle sind damit äußerst hilfreich, sie bieten Orientierung und helfen uns beim Gewichten unserer Entscheidungen.

Was ist mit der Unterscheidung zwischen Emotion und Gefühl wirklich gewonnen? Natürlich muss nicht daran gezweifelt werden, dass ich um meine Emotionen wissen oder sie wahrnehmen kann. Es kann sogar der Fall sein, dass die Wahrnehmung meines Zustands mein Gefühl (meine Emotion?) verändert. Wenn ich meine Scham wahrnehme, kann ich möglicherweise Maßnahmen ergreifen, die meiner Scham ein Ende bereiten. Wenn ich meine Eifersucht bemerke, gesellt sich vielleicht ein Peinlichkeitsempfinden zu meiner Eifersucht und schwächt sie ab. Aber trotz dieser Möglichkeiten leuchtet nicht ein, dieses Wahrnehmen des eigenen Zustands zu einem wesentlichen definitorischen Bestandteil des Gefühls zu machen. In der Regel dürfte sich an der Empfindung eines Gefühls nichts ändern, wenn ich das Gefühl oder die Empfindung wahrnehme oder bemerke (Lenzen 2004, S. 82). Damasio könnte an diesem Punkt erwidern, dass ich Emotionen seiner Definition nach nie empfinde. Kommt Empfindung oder Wahrnehmung zur Emotion hinzu, erhalte ich Gefühle. Aber wie sieht beispielsweise eine Wut aus, die ich nicht empfinde? Damasios Unterscheidung zwischen Emotion und Gefühl legt nahe, dass es Emotionen gibt, die nicht gefühlt oder empfunden werden, während Gefühle als Gefühle offenbar stets mit Bewusstsein, Empfindung oder Wahrnehmung verbunden sind. Mit Blick auf Emotionen ist der Aspekt des Fühlens ein Zusatzaspekt, der, wie angedeutet, evolutionäre Vorteile mit sich bringt.

Doch diese harte Trennung von Emotionen und Gefühlen ist unglücklich. In den meisten Fällen treten Emotionen und Gefühle oder körperliche Veränderungen und das mit ihnen verbundene Empfinden zusammen auf. Die explizite Rede von Emotionen schneidet dann lediglich aus dem gesamten Erfahrungskontext »Emotion und Gefühl« einen Teilaspekt heraus, nämlich die Dimension körperlicher Veränderung, und besetzt diesen Aspekt mit einem speziellen Begriff (»Emotion«). Hierbei kann es sich lediglich um eine rein analytische Unterscheidung handeln, die in den meisten Fällen von bloß heuristischem Wert ist. Richtig ist allerdings, dass ich nicht alle Veränderungen in meinem Körper wahrnehme. Goldie erwähnt in diesem Zusammenhang das extreme Beispiel von Soldaten, die im Schützengraben liegen und zunächst nicht bemerken, nicht spüren, dass ihnen eine schwere Verletzung zugefügt worden ist (Goldie 2000, S. 54). Dieses Beispiel dient nicht zur Veranschaulichung der Tatsache, dass wir nicht alle körperlichen Veränderungen an uns bemerken, denn das ist eine banale Aussage. Ich spüre nicht permanent meinen Herzschlag oder meine Atmung. Das Beispiel muss die Möglichkeit plausibel machen, »Emotionen« nicht zu bemerken. Emotionen im Sinne Damasios sind nicht einfach nur körperliche Veränderungen, sondern körperliche Veränderungen, die von »emotional besetzten Stimuli« ausgelöst werden. Emotional besetzte Stimuli bringen den Körper aus seinem Gleichgewicht, sie gefährden vielleicht sogar sein Überleben und lösen deswegen emotionale Veränderungen aus. Zu emotional besetzten Stimuli werden Stimuli im Übrigen mit Hilfe einer »Situationseinschätzung durch den Organismus«, die ganz und gar ohne Bewusstsein vollzogen werden kann (Damasio 2003, S. 69).

Das Beispiel mit dem Soldaten ist ein extremes Beispiel. Es darf nicht darüber hinwegtäuschen, dass wir in den meisten Fällen Emotionen an uns wahrnehmen, so dass die Unterscheidung zwischen Emotion und Gefühl etwas künstlich wird. Die Rede von Gefühlen, die sich so oder so anfühlen, zielt genau auf diesen Empfindungsaspekt des Gefühlslebens. Andererseits muss an die oben knapp angerissene Möglichkeit unbewusster Gefühle erinnert werden. Sie scheint die Annahme zu widerlegen, wonach die meisten Gefühle bewusste Phänomene sind.

Es ist vielleicht sinnvoll, an dieser Stelle einige Unterscheidungen vorzunehmen. Bis jetzt war relativ undifferenziert von Wahrnehmung, Bewusstsein und Empfinden die Rede. Wenn Damasio von »Gefühlen«

spricht, bezieht er sich meistens auf »Wahrnehmungen« körperlicher Veränderungen, erwähnt aber auch »mentale Repräsentationen« und »Vorstellungen«. Wenn wir sagen, dass wir körperliche Veränderungen (Emotionen) empfinden, zielen wir auf den phänomenologischen Aspekt des Gefühlslebens. Wir spüren Scham oder Wut, so wie wir Schmerzen spüren. Man kann auch sagen, wir nehmen sie wahr. Das heißt aber nicht, dass uns das Gefühl bewusst ist. Ich kann Scham spüren, ohne zu wissen, dass ich Scham spüre. Bewusste Scham impliziert das Vermögen, einen Satz wie »Ich schäme mich« zu äußern. Unbewusste Gefühle nun scheinen weder empfunden noch wahrgenommen zu werden und sind naturgemäß ohne Bewusstsein. Da alle diese Punkte auch auf Damasios »Emotionen« zutreffen, scheint die Unterscheidung zwischen Emotion und Gefühl doch sinnvoll zu sein. Unbewusste Gefühle aber sind keine körperlichen Veränderungen, die wir nicht bemerken. Sie sind Dispositionen, die unser Handeln und Denken beeinflussen und sich insofern durchaus bemerkbar machen. Ihnen ist allerdings eigentümlich, dass sie sich nicht an sich bemerkbar machen, sondern in verstellter Form. Unbewusste Scham fühle ich nicht als Scham, sondern möglicherweise als Ressentiment. Damasios Unterscheidung zwischen Emotionen und Gefühlen trägt zur Klärung dieser Phänomene nichts bei.

Was sind Affektprogramme?

So ist es vorerst fruchtbarer, zu den primären Gefühlen zurückzukehren. Während LeDoux sich ausschließlich auf Furcht konzentriert, lässt Damasio offen, welche Gefühle zu den primären Gefühlen gehören. Beide Strategien sind unbefriedigend, weil man gerne in Erfahrung bringen möchte, wie groß der Bereich der Gefühle ist, die sich auf diese Weise erklären lassen. Hilfreicher sind hier Ansätze, die von so genannten »Grundgefühlen« (*basic emotions*) ausgehen, die sich in »Affektprogrammen« (*affect program*) manifestieren. Vor allem der Psychologe Paul Ekman hat in einflussreichen Arbeiten den Versuch unternommen, eine Reihe von Gefühlen zu spezifizieren, die sich durch feste Charakteristika beschreiben lassen. Berühmt wurde Ekman dabei vor allem durch den an Darwin anknüpfenden Versuch, für bestimmte Gefühle Ausdrucksformen des Gesichts anzugeben, die in allen Kulturen vorkommen, mithin also einen universalen Charakter haben. Anders gesagt, es gibt für Ekman Ausdrucksformen im Gesicht, die mit bestimmten Gefühlen fest verbunden sind. Die Gesichtszüge verweisen in diesem Sinne unmissverständlich auf diese Gefühle. Ein typisches Experiment von Ekman sieht etwa so aus: Man zeigt Personen in unterschiedlichen Ländern und Kulturen Fotografien von Gesichtern, auf denen, so die Annahme, bestimmte (gestellte) Gefühle zu sehen sind. Die Personen sollen dann antworten, welche Gefühle sie welchem Gesicht zuordnen würden. Ekman glaubt nun gezeigt zu haben, dass über alle kulturellen Grenzen hinweg Furcht, Wut, Ekel, Überraschung, Freude und Traurigkeit erkannt und den Gesichtern richtig zugeordnet werden. Diese Gefühle sind dann die Grundgefühle, die es offenbar in allen Kulturen gibt. Im Laufe der Zeit hat Ekman zusammen mit Kollegen immer genauer spezifiziert, welche Gesichtszüge (welche Muskeln) bei einzelnen Gefühlen involviert sind, wie lange sie involviert sind, wann sie einsetzen und wann sie aufhören, aber diese Details können hier nicht näher erläutert werden. Ekmans Experimente sollen zeigen, dass die Menschen in allen Kulturen in ähnlicher Weise auf bestimmte Reize reagieren. Sie zeigen nicht, dass diese Reize überall die gleichen sind, und sie zeigen auch nicht, dass kulturelle Faktoren keinen Einfluss auf die Art und Weise des Gefühlsausdrucks haben können. Ob wir in einer Situation Trauer zeigen, wie wir Trauer zeigen und wie lange wir Trauer zeigen – all das variiert von Kultur zu Kultur und oft auch innerhalb einer Kultur. Ekmans These ist lediglich, dass sich bei genauer Betrachtung (bei gefilmtem Material notfalls mit Zeitlupe) die allgemeinen Züge von Trauer ausfindig machen lassen, die dann zwischen den Kulturen oder Situationen variieren (Ekman 1980).

Welche Gefühle zu den Grundgefühlen gehören, ist umstritten, und es ist fast belustigend, wie viele Listen diesbezüglich mittlerweile vorliegen. Ekman selbst hat unlängst eine Liste vorgelegt, auf der 15 Gefühle vorkommen: Spaß, Wut, Verachtung, Zufriedenheit, Ekel, Peinlichkeit, Aufgeregtheit, Furcht, Schuld, Stolz auf Geleistetes, Erleichterung, Traurigkeit, Befriedigung, sinnliches Vergnügen und Scham (Ekman 1999, S. 55). Klar ist nur, dass es neben den Grundgefühlen auch andere, komplexere Gefühle gibt, über die Ekman aber nichts sagen kann. Mitleid zum Beispiel wäre ein solches Gefühl. Interessanter sind in diesem Zusammenhang aber die Rahmenüberlegungen, in die Ekman seine Theorie der Grundgefühle eingebettet hat und für die hier der Begriff des

»Affektprogramms« stehen soll, den Ekman selbst in Anlehnung an Silvan Tomkins verwendet (Ekman 1980). Affektprogramme sind Mechanismen, die festlegen, wie komplexe Gefühlsreaktionen ablaufen, wenn sie einmal durch bestimmte Reize ausgelöst werden. Affektprogramme sind gewissermaßen eine Art Drehbuch der Gefühle, sie legen fest, wann und in welcher Form einzelne Gefühle auftreten. Allerdings wird dieses Drehbuch in weiten Teilen nicht vom Menschen geschrieben; vielmehr ist die Natur Autor der Affektprogramme, so dass sie nur bedingt dem Willen des Menschen unterliegen. Die Elemente, die Ekman den Affektprogrammen zuordnet, seien hier aufgelistet (Ekman 1999, S. 56):

- besondere universale Signale (also etwa universale Formen des Gefühlsausdrucks im Gesicht);
- eine besondere Physiologie (Grundgefühle ziehen nach dieser These nicht nur spezielle Gesichtausdrücke nach sich, sie sind auch mit je spezifischen körperlichen Reaktionsmustern verbunden);
- automatische Bewertungen, die sich auf
- besondere Universalien vorausgehender Ereignisse beziehen (wie LeDoux nimmt Ekman an, dass die mit Grundgefühlen verbundenen Bewertungen automatisiert abgerufen werden, und zwar in Reaktion auf Situationen oder Ereignisse, die sich ähneln und deswegen einen universalen Charakter haben. Beispiel: Auf den Verlust eines nahen Freundes reagieren Menschen überall mit Trauer);
- Auftreten an bestimmten Punkten der Ontogenese (Ekman glaubt nicht, dass alle Grundgefühle angeboren sind; vielmehr hält er es für möglich, dass einzelne Gefühle zu unterschiedlichen Zeitpunkten in der Entwicklung eines Individuums auftreten);
- Anwesenheit in anderen Primaten (wie LeDoux möchte Ekman die Grundgefühle nicht nur für menschliche Organismen reservieren; ihr Auftreten in höheren tierischen Organismen dient ihm geradezu als Beweis ihrer Existenz in Menschen);
- schnelles Einsetzen (Grundgefühle können schon auftreten, bevor wir sie bemerken; Gefühle, so Ekman, sind eine Sache von »Minuten und Sekunden«);
- kurze Dauer;
- ungebetenes Auftreten (weil Grundgefühle schnell einsetzen und unwillkürliche körperliche Reaktionen auslösen, »geschehen« sie uns, stoßen uns zu);

- besondere Gedanken, Erinnerungen, Vorstellungen (Grundgefühle beeinflussen generell die Art, wie wir denken, sie ziehen, das ist tatsächlich Ekmans starke These, spezifische Gedanken, Erinnerungen oder Vorstellungen nach sich);
- besondere subjektive Erfahrung (Grundgefühle fühlen sich so oder so an, sie werden von uns so oder so erfahren)

Nimmt man diese Punkte zusammen, ergibt sich folgendes Bild: Grundgefühle und Affektprogramme bestehen aus geregelten Abläufen mit weitgehend feststehenden Auslösern und körperlichen Reaktionen, die schnell sowie unbewusst und unwillkürlich auftreten. Spätere Autoren haben diesem Bild sogar noch weitere Elemente hinzugefügt. Der Philosoph Craig DeLancey etwa hebt die Beziehung von Grundgefühlen und Handlungsbereitschaft hervor. In seinen Augen veranlassen oder motivieren uns Grundgefühle zu bestimmten Handlungen. Wie andere Autoren auch bezieht sich DeLancey dabei vor allem auf Furcht und glaubt von ihr aus allerlei Verallgemeinerungen formulieren zu können: »Furcht funktioniert als Motivation zur Flucht vor einer Bedrohung und wird durch die Wahrnehmung einer Bedrohung ausgelöst.« (DeLancey 2002, S. 29) Neben diesem Handlungsbezug glaubt DeLancey aber auch, den Grundgefühlen sowohl Intentionalität als auch Rationalität zusprechen zu können, ein Zug, der angesichts seiner ganz und gar antikognitivistischen Haltung überrascht und der sich in dieser Form ebenfalls nicht bei Ekman findet. Grundgefühle können intentional sein, so DeLancey, weil sie sich auf konkrete Objekte beziehen. Ich fürchte mich vor der Schlange. Das Objekt der Furcht muss dabei nicht propositional-sprachlich ausformuliert werden. Dies ist eine zusätzliche Fähigkeit, die wir aufgrund unserer kognitiven Fähigkeiten haben, aber sie ist nicht notwendig für Grundgefühle wie Furcht oder Wut. Auch DeLancey arbeitet an diesem Punkt mit dem Bild der Hierarchie: Während Grundgefühle »subkognitiv« strukturiert sind und ihren neuronalen Ort in den evolutionär älteren subkortikalen Schichten des Gehirns haben, lassen sich die kognitiven Reaktionen dem jüngeren Teil der Großhirnrinde, dem Neocortex, zuordnen (vgl. Damasio 1995, S. 55 f.; DeLancey 2002, S. 94 f.). Die kognitiven Reaktionen befinden sich damit auf einer hierarchisch höheren Stufe des mentalen Lebens, was aber nicht ausschließt, dass ihnen die subkognitiven Reaktionen zeitlich voraus liegen.

Die Rationalität der Grundgefühle schließlich begründet DeLancey durch Verweis auf ihren funktionalen Charakter. Grundgefühle ermöglichen uns Ziele zu verwirklichen, die unserem Organismus als Organismus innewohnen. DeLancey denkt hier vor allem daran, dass Organismen ihr Überleben sichern wollen. Grundgefühle sichern das Überleben des Organismus in sieben Hinsichten (DeLancey 2002, S. 123–127): Sie lenken (1) die Aufmerksamkeit des Organismus auf die Objekte, die den Gefühlen jeweils angemessen sind; sie »erspüren« gleichsam das richtige Objekt, so dass ich im Ernstfall vor der richtigen Bedrohung fliehe und nicht vor einem ungefährlichen Objekt. Sie sind (2) zugänglich für Lernprozesse; mit anderen Worten, wir können lernen, auf bestimmte Objekte mit Furcht zu reagieren, auf die wir normalerweise nicht mit Furcht reagieren; Experimente mit Ratten haben gezeigt, dass sich Furchtreaktionen konditionieren lassen; ein solches Lernvermögen ist sicher hilfreich, wenn es darum geht, sich vor bestimmten Objekten rechtzeitig zu schützen. (3) Furchtkonditionierungen lassen sich aber auch wieder rückgängig machen; reagiert eine Ratte auf einen Ton mit Furchtreaktionen, weil sie gelernt hat, dass auf diesen Ton ein Elektroschock folgt, dann kann man ihr diese Furcht auch wieder abgewöhnen, indem man auf den Ton wiederholt keinen Elektroschock mehr folgen lässt; Grundgefühle weisen damit eine große Flexibilität auf. Manche Grundgefühle (4) sind in der Lage, auf der Basis einzelner Vorfälle allgemeine Reaktionsformen auszubilden; Affen etwa können schnell lernen, nicht nur den speziellen Tiger zu fürchten, der sich in ihrem Umfeld bewegt, sondern Tiger im Allgemeinen; dieser Mechanismus erspart ihnen ständig neue Lernprozesse.

Für Organismen, die in sozialen Verbänden leben, listet DeLancey schließlich drei weitere potenzielle funktionale Vorteile der Grundgefühle auf: So sollten Tiere (5) vor höherrangigen Artgenossen Furcht empfinden, nicht aber vor denen, die im Rang unter ihnen stehen; Grundgefühle können damit zur Stabilität eines sozialen Verbandsgefüges beitragen. Die Art und Weise (6), wie Grundgefühle ausgedrückt werden, kann über Erfolg oder Misserfolg eines Tiers in einem sozialen Verband entscheiden; gewinnt eine Ratte im spielerischen Kampf mit einer Artgenossin ständig, sollte sie ihre Dominanz irgendwann verbergen, da sie sonst gemieden würde; in diesem Sinne kann es »rational« sein, den Ausdruck der eigenen Gefühle zu zügeln. Schließlich (7) stellt DeLancey noch einmal generell fest, dass Grundgefühle dazu beitragen können, den Zusammenhalt einer sozialen Gruppe zu stärken. Liebe oder Symptome des Rückzugs von der Gruppe, beides Phänomene, die DeLancey als Grundgefühle behandelt, erfüllen in seinen Augen eindeutig positive oder negative soziale Funktionen. Auch in dieser Hinsicht also können Grundgefühle als mehr oder weniger rational betrachtet werden, obwohl sie sich nicht, wie DeLancey abschließend festhält, »auf die Art von Vermögen [beziehen], aus denen propositionale Einstellungen oder andere normalerweise als kognitiv betrachtete Vermögen bestehen« (DeLancey 2002, S. 125).

Die Herrschaft der Gefühle

Die vorangegangenen Überlegungen können nun zusammengefasst werden. Die psychologischen und neurowissenschaftlichen Untersuchungen skizzieren einen Bereich des Gefühlslebens, der durch folgende Charakteristika gekennzeichnet ist: Gefühle (Grundgefühle) dienen einem Organismus dazu, auf überlebensrelevante Situationen schnell und angemessen zu reagieren. Diese Funktionalität der Gefühle wird ermöglicht durch eine weitgehende Automatisierung der Reaktion, die damit ohne anspruchsvolle kognitive Leistungen auskommt. Grundgefühle äußern sich in Handlungen, die Teil der Überlebenssicherung sind, und sind mit bestimmten, mess- und kartierbaren Gesichtsausdrücken verbunden, die gegebenenfalls dazu dienen, anderen Organismen Gefahren oder andere überlebensrelevante Daten zu signalisieren. Neurowissenschaftliche Ansätze ergänzen diese Überlegungen durch die Suche nach »objektiven neuralen Kriterien«, die in der Lage sind, spezifische Emotionssysteme im Gehirn ausfindig zu machen (Panksepp 1998, S. 48). Alle Autoren gehen davon aus, dass Grundgefühle eine physiologische Seite haben und sowohl das autonome Nervensystem als auch motorische Abläufe verändern. Viele Autoren gehen davon aus, dass die Verarbeitung gefühlsrelevanter Reize in einem eigenständigen Bereich des Gehirns vollzogen wird, der zwar mit dem Bereich der kognitiven Verarbeitung interagiert, aber trotzdem in neurologischer Hinsicht davon getrennt ist. Auf diese Weise können diese Autoren auch das Phänomen der Widerständigkeit der Gefühle leicht erklären: In dem Maße, in dem Gefühle in einem speziellen Hirnsystem generiert werden, können sie unabhängig von unseren bewussten Urteilen agieren oder diesen »widersprechen«: »Grundgefühle«, so Griffiths, »können ohne eine begleitende Aktivität im Neocortex auftreten.« (Griffiths 2004, S. 240)

Gefühlen wohnt damit, je nach Perspektive, eine gewisse Autonomie oder Heteronomie inne, die der Domestizierung der Gefühle durch den philosophischen Kognitivismus entgegensteht. So behauptet Gerhard Roth, »dass Gefühle den Verstand eher beherrschen als der Verstand die Gefühle« (Roth 2003, S. 375). Allerdings lässt sich dieser Sachverhalt auch anders formulieren und gewinnt dann einen positiveren Anstrich; die Funktionalität der Grundgefühle bündelt in sich Leistungen, für die ansonsten unser Überzeugungs- und Wunschsystem zuständig wäre. Reagiere ich mit Furcht auf den Anblick einer Schlange und ergreife sofort die Flucht, dann bündelt diese Reaktion die Überzeugung in sich, dass da eine gefährliche Schlange ist, und den Wunsch, der Gefahr zu entgehen (Griffiths 2004, S. 246). Unsere automatische Gefühlsreaktion dient gleichsam als eine Art Abkürzung, und auch das kann als ihre spezifische Rationalität bezeichnet werden, eine Rationalität, die ohne Bezug auf explizite Überzeugungen oder explizite Wünsche auskommt. Wir haben es hier gewissermaßen mit einer naturalisierten Rationalität zu tun.

Bevor nun eine explizit kognitivistische Kritik an diesen Ansätzen vorgestellt werden soll, seien noch einige allgemeine Hinweise gegeben. Experimentelle Ansätze der Gefühlsforschung haben offensichtlich Probleme mit dem phänomenologischen Gehalt von Gefühlen. Zwar räumen Autoren wie LeDoux oder Panksepp ein, Gefühle hätten einen je eigenen »Ton« oder eine subjektive Seite, aber da es bisher nicht gelungen ist, diesen Ton experimentell zugänglich zu machen, verstummen sie angesichts der genaueren Beschreibung der spezifischen Phänomenologie von Gefühlen. Panksepp schreibt bündig, dieser Aspekt »habe neuraler Spezifikation bisher widerstanden« (Panksepp 1998, S. 48). Ferner ist auffällig, dass experimentelle Ansätze Gefühle zumeist als Zustände (*states*) definieren und nicht als Disposition. Das leuchtet ein, wenn man bedenkt, dass sich aktuelle Gefühlszustände leichter messen lassen als dispositionale Gefühle, blendet andererseits aber einen großen und wichtigen Bereich des menschlichen Gefühlslebens aus. Solomon hat unlängst ausgerufen, er sei an Prozessen interessiert, »die länger als fünf Minuten dauern und das Potenzial haben, fünf Stunden, fünf Tage, fünf Wochen, Monate oder sogar Jahre zu dauern« (Solomon 2003, S. 2).

Dazu passt, dass fast alle der hier vorgestellten Theorien ihre Schlussfolgerungen auf der Basis einer sehr dünnen Datendecke formulieren. Man schaue sich nur an, wie wenig konkretes Material beispielsweise Damasio seinen Überlegungen zugrunde legt. LeDoux behauptet explizit, seine Experimente mit Ratten könnten Auskunft über Gefühle im Allgemeinen geben. Dieser Hang zur vorschnellen oder experimentell unabgedeckten Verallgemeinerung erzeugt leicht den Eindruck, man könne auf der Basis des vorhandenen Materials tatsächlich schon ganze Gefühlstheorien oder gar ganze Theorien des ethischen Zusammenlebens ausarbeiten. In seiner Rezension des jüngsten Buchs von Damasio etwa schreibt der Neurologe Ray Dolan: »Es [gemeint ist Damasios Buch *Der Spinoza-Effekt*] wagt zu fragen, wie unser vermehrtes Wissen über das menschliche Gehirn die Art, wie wir unser Leben führen und unsere soziale Welt organisieren, beeinflussen kann.« (Dolan 2003, S. 894) Dieser Verallgemeinerungsanspruch überrascht, da ein Großteil der Hirnforschung vor allem das Gefühl der Furcht untersucht hat und es immer wieder als paradigmatisch heranzieht. Mit welcher Berechtigung? Selbst Ekman hat lange Zeit nur sechs Grundgefühle supponiert und damit den geringsten Teil des menschlichen Gefühlslebens abgedeckt. Kurz, ein genauerer Blick auf die von der experimentellen Psychologie und der Hirnforschung präsentierten Ergebnisse zeigt, wie vorschnell hier zum Teil von wenigen Fällen auf allgemeine Prozesse geschlossen wird. Mehr Vorsicht wäre hier schon allein aus wissenschaftlicher Redlichkeit angebracht.

Ein letzter Hinweis ist an dieser Stelle notwendig. Die vorgestellten experimentellen Ansätze der Gefühlsforschung neigen dazu, die funktionale Rolle der Gefühle einseitig positiv auszulegen. Doch wenn DeLancey Grundgefühlen eine eigene Rationalität zuspricht, muss er aus begrifflichen Gründen bereit sein, dysfunktionale Gefühle zu thematisieren, da Rationalität seinem Ansatz nach ja impliziert, Gefühle oder gefühlsmäßige Handlungen ließen sich auf der Basis vorausgesetzter Ziele oder Normen als zweckmäßig oder unzweckmäßig betrachten. Nimmt man beispielsweise an, der menschliche Organismus wolle als Organismus überleben, dann kann untersucht werden, inwieweit einzelne Gefühle dem Überleben des Organismus zu- oder abträglich sind. Rationalität ist in diesem Sinne nicht mit funktionalem Gelingen gleichzusetzen, sondern mit einer zunächst beobachterrelativen Beurteilung biologisch-organismischer Vorgänge im Lichte vorausgesetzter Normen,

Ziele oder Zwecke. Ein Gefühl kann meine Aufmerksamkeit auf das richtige Objekt lenken und vermag so dem Überleben meines Organismus dienlich zu sein. Zur Rationalität des Gefühls gehört aber auch, dass es meine Aufmerksamkeit auf das falsche Objekt lenken kann. Das Gefühl ist dann zwar meinem Überleben nicht dienlich, aber es ist immer noch rational, da ich nur unter Voraussetzung einer bestimmten Norm oder eines bestimmten Ziels überhaupt sagen kann, dass die Aufmerksamkeit auf das falsche Objekt gelenkt worden ist.

Genau an diesem Punkt neigen viele Autoren dazu, Rationalität mit Funktionalität gleichzusetzen, und gelangen so dazu, ausschließlich die überlebensdienlichen Aspekte des Gefühlslebens zu betonen. Was aber ist mit den destruktiven Seiten der Gefühle? Spätestens wenn es um den Menschen geht, müssen Affekthandlungen analysiert werden, die in vielen Hinsichten dysfunktionale Effekte haben. Wie auch in der Philosophie gibt es in der Psychologie und Neurowissenschaft gelegentlich die Tendenz, Gefühle nur in ihrer positiven Funktionalität zu beleuchten und andere, dunklere Seiten an ihnen zu vernachlässigen.

Deweys Analyse des Reiz-Reaktions-Schemas und Heideggers Furcht: Bausteine einer Kritik neurowissenschaftlicher Gefühlstheorien

Unabhängig von diesem Punkt stellt sich nun die Frage nach dem philosophischen Umgang mit den diskutierten Ergebnissen der Psychologie und Neurowissenschaft. Manche Autoren legen nahe, dass diese Ergebnisse einen Großteil der philosophischen Reflexionen über Gefühle überflüssig machen (Griffiths 1997, DeLancey 2002). In den Augen dieser Autoren ist der philosophische Kognitivismus mehr oder weniger erledigt. Dass das allerdings eine zu undifferenzierte Sicht der Dinge ist, dürfte schon deutlich geworden sein. So hat die Philosophie natürlich gar keine Einwände, wenn es darum geht, die neuronale Grundlage einzelner Gefühlsphänomene zu benennen, auch wenn sie daran zweifeln mag, dass sich für jedes einzelne Gefühl eine solche Grundlage finden lässt. Wenn sich aber tatsächlich solche neuronalen Grundlagen finden lassen, dann bedeutet das zunächst nur, dass die kausalen Voraussetzungen für einzelne Gefühle ausfindig gemacht worden sind. Wir wissen dann, welche Teile des Gehirns Furcht oder Scham regulieren. Dass Hirnschädigungen in diesem Sinne das Gefühlsleben beeinträchtigen können, ist für die Philosophie keine bedrohliche Aussage. Schwieriger wird es, wenn behauptet wird, Gefühle seien »subkognitiv« oder bezögen sich, wie Damasio und letztlich auch LeDoux annehmen, auf Veränderungen im Körper. Hier stellt sich die Frage, ob die Phänomene richtig beschrieben werden. Darüber hinaus wird am Ende dieses Abschnitts generell zu klären sein, ob die experimentellen Ansätze der Psychologie und Neurowissenschaft das Gefühlsphänomen erschöpfend erfassen.

Zunächst zur Frage der Angemessenheit der Beschreibung. Stellvertretend für andere soll hier die Position von Bennett und Hacker erläutert werden, die in ihrem Buch *Philosophical Foundations of Neuroscience* (2003) einen konventionellen Kognitivismus vertreten. Ausgangspunkt ihrer Kritik an den neurowissenschaftlichen Ansätzen sind Annahmen, auf die bisher nur im Zusammenhang mit Damasio angespielt worden ist. Wie erwähnt, geht Damasio davon aus, dass sich Gefühle aus körperlichen Veränderungen und der Wahrnehmung dieser Veränderungen zusammensetzen. In ähnlicher Weise heißt es bei LeDoux: »Emotionale Gefühle entstehen, wenn wir uns dessen bewußt werden, daß ein Emotionssystem des Gehirns aktiv ist«. Furcht, Angst, Schrecken oder Befürchtung können nur unterschieden werden, wenn sie sich auf ein Emotionssystem beziehen, »das die Hirnzustände und körperlichen Ausdrucksformen erzeugt, auf die sich diese Wörter beziehen« (LeDoux 1998, S. 324 f.). Auch hier also beziehen sich Gefühle wie schon bei James auf den Körper oder das Gehirn und sind damit intentional, wenn man so will, nach innen gerichtet.

Aber was soll es heißen, dass Gefühle »entstehen«, wenn man sich eines bestimmten Hirnzustands bewusst wird? Fürchte ich mich erst dann vor dem Hund, wenn ich eine Aktivität des Gehirns an mir wahrnehme? Diese Position ist zweifellos absurd und muss zurückgewiesen werden. Hirnaktivität ist eine kausale Bedingung für das Auftreten von Gefühlen, aber sie ist nicht die Ursache der Gefühle. Das ist in dem erwähnten Beispiel der Hund. Furcht vor dem Hund empfinde ich darüber hinaus auch dann, wenn ich nicht weiß, was in meinem Gehirn vor sich geht (Bennett/Hacker 2003, S. 208). Ich spüre die Furcht, anders gesagt, auch dann, wenn ich nicht um sie weiß oder sie mir nicht bewusst ist. Nicht nur ist die Annahme falsch, Gefühle seien notwendig mit Bewusstsein verbunden oder würden erst durch Bewusstsein zu Gefühlen, auch ist die Annahme falsch, sie richteten sich prinzipiell auf Zustände des Körpers und des Gehirns oder würden durch diese ausgelöst (körperlicher Schmerz kann natürlich Angst in mir auslösen, und zwar auch dann – oder sogar gerade dann –, wenn nicht weiß, woher dieser Schmerz rührt; körperliche Zustände sind damit eine mögliche Quelle von Gefühlen neben vielen anderen Quellen). Die Intentionalität der Gefühle gilt in der Regel den Objekten oder Sachverhalten, die sie auslösen oder von denen man meint, sie seien Auslöser der Gefühle. Bennett und Hacker vertreten in dieser Hinsicht eine erkennbar kognitivistische Position: »Man kann keinen Neid verspüren, wenn man nicht glaubt, der andere habe gerade ein großes Los gezogen.« (Ebd., S. 206) Ich bin nicht neidisch, weil ich glaube, mein Herzschlag sei dabei, sich zu beschleunigen, sondern weil mich Annahmen über einen bestimmten Sachverhalt oder über eine bestimmte Person leiten. Weil das so ist, sprechen Bennett und Hacker Tieren keine nennenswerten Gefühle zu. Ihre kognitiven Kapazitäten seien dafür schlicht zu begrenzt (ebd).

Hier deutet sich an, dass viele Neurowissenschaftler Schwierigkeiten damit haben, die Intentionalität der Gefühle angemessen zu beschreiben. Wenn LeDoux behauptet, die Wörter »Furcht«, »Angst«, »Schrecken« oder »Befürchtung« bezögen sich auf Hirnzustände oder ihre körperlichen Ausdrucksformen, dann handelt sich es um eine Konfusion, wenn damit gemeint ist, ein Satz wie »Ich fürchte mich« beschreibe einen Hirnzustand und nicht eine Befindlichkeit, die sich gegebenenfalls durch Zusätze wie »... vor der Prüfung« konkretisieren lässt. Kognitivisten können an dieser Stelle mit Recht davon ausgehen, das Phänomen angemessener zu beschreiben. Andererseits hat DeLanceys Deutung gezeigt, dass es durchaus Versuche gibt, im Rahmen psychologischer und neurowissenschaftlicher Ansätze einen gehaltvollen Intentionalitätsbegriff zu formulieren. Kennzeichnend für diesen Intentionalitätsbegriff ist seine prä- oder subkognitivistische Ausdeutung. Was die psychologischen und neurowissenschaftlichen Ansätze interessant macht, ist ihre Fähigkeit, den übertriebenen Intellektualismus vieler kognitivistischer Positionen zu entschärfen. Zumindest aus der Sicht eines Beobachters oder Interpreten ist es sinnvoll und oft auch notwendig, einem Wesen Intentionalität zuzusprechen, das nicht über Sprache verfügt. Kinder etwa reagieren schon sehr früh differenziert auf ihre Umwelt und vermögen anderen anzuzeigen, was sie wollen oder begehren. Sie können in diesem Sinne über etwas enttäuscht oder auf jemanden sauer sein, auch wenn ihnen ein Wissen oder Bewusstsein dieser Weltbezüge fehlt. Es gibt in ihnen Repräsentationen von Weltzuständen, aber keine Repräsentationen der Repräsentationen (Vogel 2001, S. 182). Kognitivistische Positionen bekommen häufig Schwierigkeiten, wenn es um die Gefühle von Kleinkindern oder Tieren geht, so dass es sinnvoll ist, an diesem Punkt naturwissenschaftliche Deutungen ernst zu nehmen.

Andererseits ist es wenig plausibel, einen harten Schnitt zwischen kindlichen oder tierischen und erwachsenen Gefühlen zu setzen. Es spricht wenig dagegen, die Furchtreaktion, die ein Erwachsener angesichts eines Löwen zeigt, in der Perspektive der Neurowissenschaft zu beschreiben. Anders gesagt, es handelt sich hier in der Regel um eine schnelle, unbewusste und automatisierte Reaktion, die mit erheblichen körperlichen Veränderungen einhergeht. Und natürlich kann es sein, dass auch viele der komplexeren Gefühle, die erwachsene Menschen aufweisen, von neurophysiologisch beschreibbaren Prozessen begleitet sind, die uns undurchsichtig bleiben. Die Tatsache, dass es uns schwer fällt, Gefühle in Sprache zu übersetzen, hat hier eine ihrer Quellen. Unsere Körper sind uns zu großen Teilen fremd. Es ist das Verdienst der Neurowissenschaft, auf den Aspekt der Körperlichkeit, der mit Gefühlen verbunden ist, nachdrücklich hingewiesen zu haben, auch wenn noch längst nicht alle möglicherweise mit Gefühlen verbundenen physiologischen Reaktionen messbar sind. Schwieriger ist aber die Frage, ob sich die mit automatisierten Gefühlsreaktionen verbundenen Aspekte verallgemeinern lassen.

Zwei Dinge seien in diesem Zusammenhang erwähnt. Versuchsanordnungen wie die von LeDoux neigen zu einem überraschend einfachen Reiz-Reaktions-Schema. Eine Ratte wird mit Tönen konfrontiert, auf die sie anfänglich reagiert; dann verliert sie das Interesse an ihnen. Anschließend werden die Töne mit Elektroschocks kombiniert. Lässt man die Schocks in einem nächsten Schritt des Experiments weg, reichen die Töne allein, um die Furchtreaktion heraufzubeschwören. LeDoux spricht von »konditionierter Furcht« (LeDoux 1998, S. 162). Hier liegen also Reize und Reaktionen, die in eine konditionierte Verbindung gebracht werden. Ratten reagieren aber auch auf Katzen mit Furchtreaktionen, selbst wenn sie vorher nie eine Katze gesehen haben. Katzen sind dementsprechend natürliche Auslöser bestimmter Reaktionen. Eine

Schwierigkeit dieser Analysen liegt in ihrer Behandlung von Reizen und Reaktionen. Da beide in ein automatisiertes Verhältnis gebracht werden (auf den Reiz folgt unmittelbar die Reaktion), fällt der größere Kontext des Reiz-Reaktions-Schemas aus dem Blick. Mag das mit Blick auf Tiere noch unauffällig bleiben, wird es problematisch, wenn es um Menschen geht.

John Dewey hat in einem frühen und zu Recht berühmten Aufsatz über »The Reflex Arc Concept in Psychology« die Vorstellung einfacher Reiz-Reaktions-Schemata kritisiert, da sie Reize und Reaktionen wie eigenständige Entitäten oder psychische Realitäten behandelt, die in der Analyse konkreter Handlungseinheiten künstlich aufeinander bezogen werden müssen. Am Beispiel einer Fluchtreaktion, die auf ein lautes, unerwartetes Geräusch folgt, veranschaulicht Dewey zunächst das kritisierte Modell (das so genannte Reflexbogenmodell): Auf ein Geräusch (Reiz) folgt eine unfreiwillig erregte Aufmerksamkeit (der Reiz wird registriert), am Schluss steht die Flucht (Reaktion). Was Dewey an diesem Modell stört, ist die Ausblendung des größeren Handlungskontextes. So ist beispielsweise nicht von vornherein entschieden, wie der Reiz wahrgenommen wird: »Wenn man ein Buch liest, wenn man jagt, wenn man in einer einsamen Nacht an einem dunklen Ort Wache hält, wenn man ein chemisches Experiment durchführt, hat das Geräusch in jedem Falle einen ganz verschiedenen geistigen Wert.« (Dewey 2003, S. 234) Wie der Reiz empfunden, wie er interpretiert wird, hängt entscheidend davon ab, welche Art von Handlung ihm vorausgeht, und kann nicht unabhängig davon bestimmt werden. Mehr noch, die Reaktion auf den Reiz ist es, die ihn in seiner spezifischen Qualität überhaupt erst definiert, so dass zwischen Reiz und Reaktion immer schon ein dichtes Ineinander herrscht. Hinzu kommt, dass uns Empfindungen (*sensations*) als Reize nicht einfach passiv begegnen; sie begegnen uns vielmehr immer schon als Glieder eines koordinierten »Schaltkreises«, in dem Empfindungen und Bewegungen zusammen fungieren. Sieht ein Kind eine Kerze und greift danach, dann liegt nicht ein Reiz vor (Sehen der Kerze) und dann eine Bewegung. Schon beim Sehen bewegt sich der Körper ja auf eine bestimmte Weise und ermöglicht so überhaupt das Sehen. Der wirkliche Anfang ist, so Dewey, »der *Akt* des Sehens [...] und nicht eine Empfindung von Licht« (ebd., S. 231, Hervorhebung von Dewey). *Um auf die Kerze zuzugreifen*, ist außerdem weiterhin eine Begleitung durch das Sehen vonnöten, die den ganzen Vorgang kontrolliert. Kurz, Reize und Reaktionen treten nur im Rahmen einer umfassenderen Handlungskoordination auf und können nicht so einfach separiert werden, wie das in vielen gegenwärtigen Theorieansätzen geschieht.

Der gleiche Gedanke lässt sich auch noch auf eine andere Weise formulieren: Reize und Reaktionen müssen erst als solche im Prozess des Handelns konstituiert werden. Die gängigen Reiz-Reaktions-Schemata gehen dagegen von fertigen Handlungssequenzen aus, in deren Lichte Reize und Reaktionen dann als solche bestimmt werden. Dewey spricht hier von einem »historischen Trugschluss« (ebd., S. 240). Was sich am Ende einer Handlungssequenz als Reiz oder als Reaktion herausgestellt hat, wird in den Handlungsprozess selbst hineingelesen, der damit in seiner offenen Dynamik verfälscht wird. Es ist ja schon deutlich geworden, in welchem Maße die naturwissenschaftlichen Ansätze der Gefühlsforschung zu positiven Teleologisierungen neigen. Die Frage ist aber, ob sich die meisten menschlichen Gefühle auf diese Weise verstehen lassen. Deweys Überlegungen deuten an, wie sinnvoll es sein kann, die Frage nach Reizen und Reaktionen nicht theoretisch vorzuentscheiden. Ein stärker prozessorientierter Blick müsste darauf achten, in welchen Handlungskontexten Gefühle auftauchen, was zweifellos bedeutet, die Beschreibung einzelner Gefühlsphänomene in gewissen Grenzen zu individualisieren. Damit muss nicht behauptet werden, dass es keine stark automatisierten Reaktionsmuster gibt, in deren Rahmen die Interpretation eines Geräuschs oder anderer Ereignisse als Reiz sehr schnell erfolgt. Aber auch diese Reaktionen ereignen sich in konkreten Handlungskontexten, die gegebenenfalls das, was als Reiz fungiert und was nicht, beeinflussen. Ich fürchte den Löwen im Käfig vielleicht nicht ganz so wie den Löwen in freier Wildbahn.

Aber wie sieht es nun aus, wenn man annimmt, es gebe so etwas wie die von LeDoux beschriebene Furcht? Eine schnelle, automatisierte Reaktion auf eine bedrohliche Situation, die einhergeht mit körperlichen Veränderungen: Ist das alles, was wir über Furcht sagen können? Wird Furcht damit erschöpfend beschrieben? Als Vergleich möge Heideggers Beschreibung der Furcht in *Sein und Zeit* dienen. Dabei kann es naturgemäß nicht um die Details der Heideggerschen Analyse gehen, sondern nur um einzelne Punkte, die für den hier diskutierten Zusammenhang relevant sind (Heidegger 1993, § 30): Heidegger betrachtet drei Aspekte der Furcht: Ihr »Wovor«, das Fürchten selbst und ihr »Worum«. Mit dem Wovor ist die spezifische Intentionalität der Furcht angesprochen, mit dem Fürchten selbst seine Phänomenalität und mit dem Worum seine Funktionalität. Das Wovor der Furcht »hat den Charakter der Bedrohlichkeit«. Bedrohlich ist das, was uns »abträglich« ist und uns aus einer Gegend entgegentritt, die wir kennen, die uns aber nicht länger »geheuer« ist. Was uns da bedroht, ist noch nicht ganz da, aber es naht. Bedrohlich ist es auch, weil wir nicht genau wissen, ob es kommt oder nicht, ob es ganz nah herankommt oder in der Entfernung bleibt.

Im Vergleich zu den neurowissenschaftlichen Furchtkonzepten spricht Heidegger keine konkreten Objekte der Furcht an, seine Beschreibung bleibt eher abstrakt. Ausgeschlossen scheint allerdings eine schnelle Furchtreaktion zu sein, denn was die Furcht bei Heidegger kennzeichnet, ist ja gerade ein Unvermögen, Genaueres über das Bedrohliche zu wissen. Mehr noch, die Rede von einer »Reaktion« scheint unangemessen zu sein, um das einzufangen, worauf es Heidegger ankommt. Es gibt nicht erst einen »emotional besetzten Stimulus«, auf den dann eine Furchtreaktion folgt. Vielmehr geht Heidegger in seiner Analyse des »Fürchtens selbst« davon aus, dass die Furcht das Bedrohliche gewissermaßen entdeckt und freisetzt. Ich stelle nicht erst fest, dass etwas schädlich für mich ist, und fange dann an, mich zu fürchten. Die Furcht selbst verrät mir, was schädlich oder abträglich ist, sie gibt es frei. Anders gesagt: Das Gefühl der Furcht gibt mir Auskunft über Bedrohliches, ohne dass das, was da als bedrohlich begegnet, unabhängig vom Gefühl als bedrohlich wahrzunehmen ist. Das Gefühl ist kreativ und erschließt Welt auf eine nicht zu ersetzende Weise.

Wie sieht es mit dem Worum der Furcht aus? Heidegger will mit dieser Wendung die Frage beantworten, was genau durch das Bedrohliche gefährdet wird. Man könnte wieder fragen: Wovor fürchten wir uns, aber das zielt dann nicht auf den Gegenstand der Furcht, sondern auf das, was in der Furcht auf dem Spiel steht, was durch das Bedrohliche in seiner Existenz in Frage gestellt wird. Heidegger benutzt hier eine seiner typischen Formulierungen: »Das Worum die Furcht fürchtet, ist das sich fürchtende Seiende selbst, das Dasein. Nur Seiendes, dem es in seinem Sein um dieses selbst geht, kann sich fürchten.« Gemeint ist damit, dass sich nur fürchten kann, wer sich um etwas sorgt (etwa um sein eigenes Wohlbefinden), dem etwas wichtig ist, der etwas hat, dessen Verlust oder dessen Gefährdung »abträglich« wäre. Wieder geht es hier nicht um eine konkrete Furcht vor, sondern um die Bedingungen des Fürchtens überhaupt. Ein bestimmtes Verhältnis zu uns selbst oder zu unserem Dasein ist nötig, damit Furcht uns überhaupt angehen, uns Bedrohliches erschließen kann.

Auf den ersten Blick haben wir es hier mit zwei sehr unterschiedlichen Vokabularen zu tun, die kaum miteinander zu vereinbaren sind. Doch der erste Blick täuscht. So glaubt Damasio, es sei ein »tief verwurzelter und höchst charakteristischer Teil unserer Existenz«, einen Zustand positiv gesteuerten Lebens erreichen zu wollen (Damasio 2003, S. 47). Unter dieser Voraussetzung gibt es sicher eine ganze Reihe von Dingen, die uns abträglich sind oder die den Wunsch, einen Zustand positiv gesteuerten Lebens zu erreichen, durchkreuzen. Die Neurowissenschaften beschreiben letztlich den »Wunsch« unseres Organismus, am Leben zu bleiben, und untersuchen dabei die funktionale Rolle, die Gefühle spielen. Mit Heidegger formuliert: Es kann uns in unserem Sein immer nur um unser Dasein gehen, wenn es unserem Organismus um »sein« Dasein geht. Hier gibt es also durchaus eine Parallele zwischen Heidegger und der Neurowissenschaft.

Allerdings gibt es auch beträchtliche Unterschiede, und die sind für den weiteren Verlauf der Überlegung wichtig. So geht es dem Dasein in seinem Sein nicht nur um sein Überleben. Seine »Sorge« gilt auch anderen Dingen (Heidegger erwähnt »Haus und Hof«), so dass das Bedrohliche nicht nur das eigene Leben bedroht, sondern alles, was einem wichtig ist, woran einem liegt, worum man sich sorgt. Das Worum der Furcht erstreckt sich damit auf ungleich mehr als auf den Fortbestand des eigenen Organismus. Darüber hinaus thematisiert Heidegger keine körperlichen Effekte der Furcht. Zwar ist nicht ausgeschlossen, dass sich Furcht auch in Heideggers Augen so oder so am Körper bemerkbar macht, aber es sieht so aus, als sei diese Seite nicht wesentlich. Das mag mit einem weiteren Punkt zusammenhängen: Furcht ist für Heidegger keine Reaktion auf einen Reiz. Sie zeichnet sich durch die Ungewissheit aus, ob das, was droht, tatsächlich eintritt, sie »verwirrt« und macht »kopflos«, aber sie zieht keine eindeutige Reaktion nach sich. Wovor oder wohin soll ich fliehen, wenn ich nicht einmal weiß, ob das, was droht, wirklich kommt? Auch ist es nicht nah genug, um den Versuch zu unternehmen, es zu beherrschen.

Hier liegt ein Unterschied zu den neurowissenschaftlichen Theorien der Furcht, da in ihnen der Organismus selbst die Reaktion übernimmt, die sein Überleben sichert. Das Gefühl der Furcht wird folglich definitorisch mit einer Handlungstendenz verknüpft, die das bedrohliche Objekt von sich aus richtig »beurteilt« und »weiß«, wie zu reagieren ist. Damit ist das Bedrohliche wenn schon nicht beherrschbar, so doch zumindest distanzierbar. Der menschliche Organismus hat es gleichsam in der Hand, der Furcht ein Ende zu bereiten. Heidegger dagegen lässt ganz offen, wie die Furcht gemildert oder besiegt werden kann. In seiner Sicht gehört es geradezu wesentlich zur Furcht, dass wir sie nicht loswerden können. Als Wesen, denen es immer um etwas geht und die sich immer um etwas sorgen, sind wir stets der Furchtsamkeit ausgeliefert. Wir können vielleicht die eine oder andere konkrete Furcht besiegen, aber wir können nicht die Möglichkeit der Furchtsamkeit an sich besiegen, denn dann müssten wir andere Wesen werden. Es gehört, wenn man so will, zum Dasein, bestimmten Gefühlen ausgeliefert zu sein, auch wenn das nicht heißt, dass man sich zu diesem anthropologischen Faktum nicht noch einmal verhalten kann. Phänomenologisch inspirierte Autoren thematisieren deswegen häufig das, was sie »existentielle Gefühle« nennen. Diese Gefühle sind häufig nicht leicht zu benennen, obgleich sie in den Augen dieser Autoren wichtig sind und sogar Welt konstituieren. Wir fühlen uns in diesem Sinne in der Welt zu Hause, sie ist uns fremd, wir fühlen uns leer oder unvollständig, wir sind überwältigt oder niedergedrückt, wir sind eins mit dem Leben oder vollständig entzweit, wir fühlen uns beobachtet oder verloren – all das sind Gefühle oder, wie häufig auch gesagt wird, Stimmungen, die uns Welt auf eine bestimmte Weise erschließen. Wir sind immer schon in einer Stimmung, und man kann sogar sagen, dass es diese (Hintergrund-)Stimmung ist, die konkrete Gefühle freisetzt und möglich macht. »Gefühle«, so etwa Matthew Ratcliffe, »ereignen sich immer im Kontext von Stimmungen (*moods*).« (Ratcliffe 2010, S. 357). Stimmungen geben uns gewissermaßen Auskunft über unser Gesamtbefinden, sie dienen als ein Mechanismus, der die verschiedenen Zwecke, die wir als Subjekte haben, vereinheitlicht und im Ganzen »bewertet«. Deswegen können wir immer sagen, wie es uns geht, wenn wir danach gefragt werden. Ernst Tugendhat hat diesen Punkt sehr schön herausgearbeitet in einer kleinen Analyse der Frage nach dem Befinden (»wie geht es dir?«): »Ein ›ich‹-Sager«, so Tugendhat, »befindet sich offensichtlich in jedem bewussten Moment seines Lebens in einem Gesamtbefinden, und wenn er gefragt wird, wie es ihm gehe, so kann er aus diesem Gesamtbefinden heraus mit ›gut‹, ›schlecht‹ usw. antworten.« (Tugendhat 2003, S. 91)

Um zurück zur Furcht zu kommen: Für solche Formen existenzieller Furchtsamkeit hat die Neurowissenschaft keinen Blick und keine Methode, obgleich sie doch einen Großteil unseres Gefühlslebens bestimmt. Als »Seinsmöglichkeiten des Fürchtens« erwähnt Heidegger das Erschrecken, das Grauen und das Entsetzen, Abwandlungen der Furcht sind Schüchternheit, Scheu, Bangigkeit oder Stutzigwerden. Zentral sind in diesem Zusammenhang Begriffe wie »Sorge« oder »Wichtigkeit«. Sie gehen schlicht nicht auf im Bild einer Homöostase zwischen Organismus und Umwelt. Zwar mögen sie neurologische Grundlagen haben, die sie kausal ermöglichen, aber das heißt nicht, dass sie in ihrer Bedeutung für das menschliche Leben durch diese Grundlagen erfasst werden. Nimmt man Deweys Begriffe der Handlung, des »Akts« oder der Interpretation hinzu, dann ist bereits eine Reihe von Begriffen genannt, die traditionell von den Geisteswissenschaften behandelt werden: Sorge, Wichtigkeit, Bedeutung, Handlung, Akt, Interpretation. Es sieht so aus, als kämen wir nicht umhin, dieses Vokabular weiterhin zu verwenden, wenn es darum geht, Aufschluss über das Gefühlsleben zu erhalten. Damit kehrt die Untersuchung in gewisser Weise wieder ganz zurück zur Philosophie. Im letzten Kapitel dieses Buchs sollen nun einige der gelegten Fäden aufgegriffen werden, um einer abschließenden Beurteilung zugänglich gemacht zu werden.

5 Die Notwendigkeit eines umfassenderen Zugriffs

> Fast alle Gefühlstheorien neigen dazu, einzelne Aspekte des Gefühlslebens hervorzuheben und zu verallgemeinern. Das führt zu verengten Erklärungsmodellen. Um die eingefahrenen Diskussionen zu beleben und einen adäquateren Zugang zu Gefühlen zu erhalten, ist es nötig, Gefühle in einer umfassenderen Perspektive zu beleuchten. Auf diese Weise können die problematischen Aspekte der neurowissenschaftlichen und der kognitivistischen Gefühlstheorien bewältigt werden.

Beatlemania

Im letzten Kapitel sind bereits einige psychologische und neurowissenschaftliche Ansätze der Gefühlsforschung thematisiert worden. Sie sollen hier noch einmal resümiert werden:

(1) Da die neurowissenschaftlichen und experimentalpsychologischen Ansätze introspektive Methoden ablehnen, können sie über die phänomenologischen Aspekte von Gefühlen nichts sagen. Sie können erklären, welche Teile unseres Körpers oder unseres Gehirns von Gefühlen aktiviert werden, aber sie können nicht erklären, geschweige denn beschreiben, wie sich Gefühle »anfühlen«. (2) Viele der vorgestellten Ansätze neigen zu vorschnellen Verallgemeinerungen. Auf der Basis einzelner Experimente oder Modelle wird das Gefühlsleben insgesamt erklärt. (3) Aufgrund bestimmter biologischer oder evolutionstheoretischer Annahmen werden die Effekte der Gefühle in Neurowissenschaft und Psychologie häufig einseitig positiv beschrieben. Gefühlen kommt, mit anderen Worten, per se eine positive Funktionalität zu. Ihre negativen Effekte auf menschliches Verhalten werden damit weitgehend ausgeblendet.

(4) Die Intentionalität der Gefühle wird falsch beschrieben, wenn sie sich nur auf Prozesse im Körper und nicht auf Sachverhalte oder Gegenstände in der Welt richten soll. (5) In konkreten Handlungskontexten bestimmen Erwartungen und Erfahrungen, Erinnerungen und Wünsche das, worauf wir mit Gefühlen reagieren. Für diese kontextuellen Dimensionen des Gefühlslebens haben neurowissenschaftliche und psychologische Ansätze keinen Raum (was sich auch in der Methodik widerspiegelt, die zur Erforschung des Gefühlslebens gewählt wird). (6) Dass wir überhaupt Gefühle haben, liegt nicht nur an der Tatsache unserer organischen Existenz, sondern auch daran, dass wir uns um Dinge sorgen und Dingen Wichtigkeit zusprechen. Diese existenzielle Dimension des Gefühlslebens bleibt ausgeblendet, wenn sie nur im Lichte biologischer Überlebensfunktionen gedeutet wird.

Kognitivistische Ansätze scheinen auf einige dieser Probleme besser reagieren zu können. Sie haben zum Teil Platz für die Phänomenologie der Gefühle und ihre spezifische Intentionalität. Auch bemühen sich Autoren wie Nussbaum stets um das, was hier ihre existenzielle Dimension genannt wird. Auf Schwierigkeiten stoßen diese Ansätze, wenn es um die Gefühle von Kleinkindern und Tieren und um ihre eigentümliche Widerständigkeit geht. Unklar bleibt in vielen kognitivistischen Ansätzen die Rolle des Körpers und die motivationale Kraft der Gefühle. Einige Kognitivisten leugnen schlicht, dass körperliche Veränderungen alle Gefühle begleiten, andere bezweifeln, dass alle Gefühle in Handlungen münden: »Emotionen wie beispielsweise Trauer, Freude, Reue oder Scham disponieren möglicherweise zu gar keiner Handlung.« (Döring/Peacocke 2002, S. 88)

Die Diskussion ist damit an einem heiklen Punkt angelangt. Wie kann es nun weiter gehen? Die Differenzen zwischen manchen Positionen scheinen unüberbrückbar zu sein. Natürlich könnte man es sich leicht machen und diese Differenzen auf unterschiedliche disziplinäre Interessen und Methoden zurückführen. Man könnte sogar behaupten, dass sich die verschiedenen Perspektiven, die damit auf das Phänomen der Gefühle geworfen werden, ergänzen. Aber das wäre zu harmonisierend. Wie ergänzt sich die Aussage, dass alle Gefühle körperliche Effekte erzeugen, mit der Aussage, dass das nicht immer der Fall ist? Vorsichtige Formulierungen bieten sich an: Die meisten Gefühle werden von körperlichen Veränderungen begleitet, einige Gefühle jedoch scheinen ohne solche Veränderungen möglich zu sein. Das mag tatsächlich der bescheidenere und damit realistischere Ansatz sein, aber was damit aus dem Blick gerät, ist doch die starke Abhängigkeit einzelner »Ergebnisse« der Gefühlsforschung von methodischen Fragen. Was damit gemeint ist, sei an einem Beispiel erläutert: Eine Variante der These, wonach Gefühle von körperlichen Veränderungen begleitet werden, ist Ekmans Ausdruckstheorie der Gefühle. Wie gezeigt wurde, nimmt man im Rahmen dieser Theorie an, dass es spezifische Gesichtsausdrücke gibt, die spezifische Gefühle ausdrücken. John Deigh widerspricht der Möglichkeit solcher eindeutigen Zuordnungen mit einem scheinbar schlichten Beispiel (Deigh 2004, S. 22 ff.). Betrachtet man sich die Gesichter von Fans einer Rockgruppe während eines Konzerts, wird man häufig weinende Gesichter sehen. Manche Fans seufzen, manche schreien, andere sacken in sich zusammen. Deigh erinnert sich an einen Videofilm, der auf eindrückliche Weise das Phänomen der »Beatlemania« festhält. Auf diesem Film sind (zumeist weibliche) Fans der Beatles zu sehen, die offensichtlich während eines Konzerts ihrer Helden völlig aus der Fassung geraten. Würde man diese Bilder nun außerhalb ihres Kontextes sehen, dann müsste man annehmen, man hätte es hier mit trauernden oder schmerzverzerrten Gesichtern zu tun. Und auch Ekman müsste vor dem Hintergrund seiner Theorie davon ausgehen, dass diese Fans Trauer oder Entsetzen ausdrücken.

Deighs Absicht ist klar: In dem Maße, in dem sich zeigen lässt, dass sich unterschiedliche Gefühle gleicher Gesichtsausdrücke bedienen, kann man nicht länger sagen, sie hätten unverwechselbare physiologische Korrelate: »Die Differenz zwischen Gefühlen wie Freude, Entzücken, Zufriedenheit oder Begeisterung und Gefühlen wie Traurigkeit, Trauer, Kummer oder Melancholie beruht nicht darauf […], dass wir es hier mit verschiedenen Typen eines neurophysiologischen Ereignisses zu tun haben, dessen unterscheidende Merkmale durch das Ausdrucksverhalten, das sie manifestiert, bestimmt werden.« (Deigh 2004, S. 24) Anders gesagt: Es gibt keine eindeutigen physiologischen Ausdrucksformen für alle Gefühle. Dieser Einwand ist uns schon früh bei Cannon begegnet, und er taucht hier in neuem Gewand wieder auf (siehe auch Douglas-Cowie et al. 2003).

Ekmans Reaktion auf ein solches Gegenbeispiel wäre allerdings leicht auszurechnen. Wer die Gesichtsausdrücke von Menschen bloß auf einem Fernsehbildschirm studiert, wird nie in der Lage sein, die äußerst feinen Differenzen zwischen Trauer und Ekstase ausfindig zu machen. Um diese Differenzen zu analysieren, braucht man millimetergenaue Kartographierungen des menschlichen Gesichts und seiner Muskulatur, die es möglich machen, sehr genau zwischen einzelnen Ausdrucksformen von Gefühlen zu differenzieren. Ein guter Beobachter oder ein Beobachter, der mit Zeitlupe und Vergrößerung arbeitet, könnte nachweisen, dass die Gesichtszüge weinender Fans nicht die gleichen sind wie die Gesichtszüge weinender Gäste einer Beerdigung.

An diesem Punkt macht es sich die Philosophie also zu leicht mit ihrer Zurückweisung neurowissenschaftlicher oder psychologischer Ansätze. Sie verfügt schlicht nicht über das methodische Arsenal, um die spezifische Physiologie der Gefühle zu erforschen, und sollte deshalb auf weitere Ergebnisse warten. Andererseits zeigt sich auch, dass die methodischen Ansätze von Neurowissenschaft und experimenteller Psychologie die Ergebnisse und Definitionen dieser Disziplinen vorwegnehmen oder bestimmen. Wie will man etwa auf der Basis funktioneller Magnetresonanztomographien (fMRT oder fMRI) dispositionale Gefühle messen, Gefühle also, die nicht als aktuelle Zustände auftreten? Die fMRI-Technik dient der Hirnforschung dazu, in bildgebenden Verfahren die metabolischen und hämodynamischen Begleitprozesse erhöhter neuronaler Aktivität zu messen. Ein typische Versuchsanordnung sieht so aus: Während eine Person im Scanner liegt, erzählt man ihr Witze, die sie durch Knopfdruck beurteilt (witzig, nicht-witzig). Gleichzeitig misst man mit dem Scanner, welche Hirnregionen bei der Witzverarbeitung aktiviert werden (Goel/Dolan 2001, S. 237). Messen lassen sich mit Hilfe dieser Versuchsanordnung naturgemäß nur aktuelle Aktivierungen bestimmter Hirnregionen, die anschließend genau benannt werden. Angesichts dieser sehr begrenzten methodischen Möglichkeiten kann es nicht verwundern, dass Gefühle im Rahmen der Neurowissenschaft, aber auch in vielen psychologischen Ansätzen häufig nur als Zustände (*states*) definiert werden. Etwas anderes lässt sich mit den vorhandenen Mitteln schlicht nicht messen. Weder können in diesen Versuchsanordnungen die existenziellen Bedeutungen einzelner Gefühle, noch ihr Handlungskontext, noch ihre spezifische Intentionalität gemessen werden. Selbst dort, wo die Rolle des Gedächtnisses in einzelnen Gefühlsbildungen thematisch wird, geschieht das vor allem mit Blick auf die messbaren Effekte gespeicherter »Marker« (Damasio). Es mag merkwürdig sein, auf diesen Punkt aufmerksam zu machen, aber der große Erfolg der Hirnforschung erzwingt selbstbewusstere philosophische Reaktionen (vgl. Hartmann 2007). Wie diese aussehen könnten, sei abschließend zunächst abstrakt und dann an einem konkreten Deutungsvorschlag erläutert.

Selbstverständnis und Narrativität

Die Kontroverse zwischen Kognitivisten und Nicht-Kognitivisten lief in der Hauptsache auf folgenden Punkt hinaus: Während die einen annehmen, Gefühle seien konstitutiv auf Überzeugungen, Urteile oder Wertungen bezogen, vertreten die anderen die Ansicht, dass zumindest die Grundgefühle ohne Intervention solcher kognitiven Elemente auskommen. Sofern sie ihre Gegenstände bewerten, tun sie das automatisch und ohne Bewusstsein der Akteure. Es ist schon erwähnt worden, was an dieser Stelle nicht kontrovers sein sollte: Kognitivisten behaupten in der Regel nicht, dass sich das fühlende Selbst der für das Gefühl wesentlichen Überzeugungen oder Wertungen bewusst sein müsste. Auch wenn das nicht immer so ausbuchstabiert wird, ist ihre These eine schwächere. Will man ein einzelnes Gefühl rekonstruieren, dann muss man an irgendeinem Punkt auf kognitive Elemente zurückgreifen. Dies klingt zwar zunächst, als ginge es nur darum, ein bestimmtes Verhalten aus der Sicht eines Beobachters zu verstehen (»er läuft rot an, weil er glaubt, durch die Prüfung gefallen zu sein«), aber die These muss letztlich sein, dass dieses kognitive Element in einer handlungsrelevanten Weise dem beobachteten Akteur zukommt. Vielleicht muss man ihn fragen, vielleicht muss man seine Geschichte kennen, vielleicht ist gar ein therapeutisches Gespräch notwendig – welchen Weg man auch wählt, die Überzeugungen oder Bewertungen werden auf die eine oder andere Weise ans Tageslicht kommen.

Viel hängt in diesem Zusammenhang am Begriff der Kognition und an seiner genaueren Definition. Es ist aber sinnvoll, so die These, diesen Begriff einmal nicht zu verwenden und durch einen anderen Begriff zu ersetzen. Gemeint ist der Begriff des Selbstverständnisses. Insbesondere die kurze Skizze der Heideggerschen Deutung von Furcht hat gezeigt, in welchem Maße die Art und Weise, wie ich mich verstehe und interpretiere, Einfluss auf das nimmt, was Gegenstand meiner Furcht werden kann. Das, worum ich mich sorge, das, was mir wichtig ist, das, was mir etwas bedeutet, gibt mir Gründe für Gefühle. Diese subjektive und erfahrungsabhängige Dimension des Selbstverständnisses lässt sich nicht neurowissenschaftlich oder objektivistisch entfalten: »Unser Selbst(miss)verständnis [*self-(mis)understanding*] prägt, was wir fühlen.« (Taylor 1985, S. 65) Wie wir uns selbst interpretieren, wie wir uns verstehen, entscheidet darüber, was zum Gegenstand des Fühlens werden kann. Tiere haben Wünsche in Form von Impulsen, sie haben vielleicht sogar Kognitionen im schwachen Sinne des Begriffs, aber sie verhalten sich nicht zu sich selbst, sie haben kein interpretierendes oder wertendes Verhältnis zu ihren Impulsen oder Kognitionen. In diesem Sinne können sie einige der komplexeren Gefühle, die Menschen kennen, nicht haben. Anders gesagt: Aufgrund seiner spezifischen Fähigkeiten hat der Mensch Gefühle ausgebildet, die Tiere nicht kennen, so dass hier ein Bruch zwischen Mensch und Tier existiert (Gibbard 1990, S. 138).

Es gibt keine objektive Dimension jenseits dieses Selbstverständnisses, die unsere Gefühle angemessen beschreiben könnte. Damit wird einer Tendenz vorgebeugt, die untergründig viele zeitgenössische Varianten des Kognitivismus kennzeichnet und die man als Epistemologisierung der Gefühle bezeichnen könnte. Das heißt: Gefühle werden in dem Sinne rationalisiert, dass sie an sich wahr oder falsch oder wenigstens angemessen oder unangemessen sein können. Sie sind, in Dörings Worten (2010, S. 294), »ein System«, das Gründen nachgeht (*reason-tracking system*), und das können sie sein, weil sie, wie schon häufiger deutlich wurde, in Analogie zu Wahrnehmungen begriffen werden. In dem Maße, so die Annahme, in dem uns Gefühle Welt so oder so präsentieren, in dem sie uns Welt in diesem oder jenem Licht erscheinen lassen, können wir fragen, ob die »Präsentation« angemessen ist oder nicht. Döring will deswegen auch sagen, dass Gefühle in diesem Sinne etwas an den Tatsachen treffen oder eine Situation auf korrekte Weise repräsentieren können (ebd., S. 296), als gäbe es in der außeremotionalen Welt Gründe, die wir gefühlsmäßig (und vielleicht sogar nur gefühlsmäßig) erfassen können. Aber an welchem Punkt können wir beispielsweise feststellen, dass eine Eifersucht berechtigt ist (Hartmann 2007)? Wann ist die Wirklichkeit, wann sind die Tatsachen so beschaffen, dass Eifersucht absolut berechtigt ist? Muss ich beobachten, dass das von mir geliebte Wesen einen anderen küsst? Oder reicht eine leichte Berührung? Die Wahrnehmungsanalogie berücksichtigt zu wenig die Interpretationsabhängigkeit der Eifersucht selbst, für die es keine eindeutigen evaluativen Eigenschaften an den Dingen gibt, die sie letztgültig als berechtigt ausweisen könnten. Es würde hier natürlich auch nicht helfen zu sagen: »Schau hin, da ist nichts«, denn für den Eifersüchtigen ist da etwas, und die »Tatsache«, dass da nichts ist, lässt sich für ihn schon allein deswegen nicht einfach beobachten, weil wir keine harten Kriterien dafür haben, wann Eifersucht berechtigt ist und wann nicht. Selbst wenn die Freundin nicht fremdgeht oder einen anderen begehrt – heißt das, dass die Eifersucht unberechtigt ist? Sie gibt uns immer noch Auskunft über den Eifersüchtigen selbst, und die mag wertvoll sein, wenn es um die Beurteilung der Eifersucht geht. Auf diese Weise wird der Blick auf die Person gelenkt, die durch das Gefühl hindurch die Welt wahrnimmt.

Betrachtet man Gefühle folglich eher als Bestandteile komplexer Selbstverständnisse oder Selbstbilder verschiebt sich die Beurteilungsbasis (Hartmann 2009). Gefühle verlieren damit nicht den Charakter des rational zu Beurteilenden, aber die Kriterien, die für diese Beurteilungen herangezogen werden, verändern sich. Gebrochen wird auf diese Weise mit dem, was man die methodische Isolation der Gefühle nennen kann. Erst diese Isolation macht den Weg frei für die Analogisierung von Wahrnehmungen und Gefühlen. Während es nämlich sinnvoll scheinen mag, Gefühle qua Wahrnehmungen als angemessen oder unangemessen zu beschreiben, leuchtet es schon viel weniger ein, Selbstbilder in diesem Sinne als angemessen oder unangemessen zu kategorisieren. Berücksichtigt man die Fundierung einzelner Gefühle in subjektiv erfahrbaren Selbstbildern, muss sich die Bewertungsebene vom Gefühl zum Subjekt oder Selbstbild hin verschieben und wird dadurch qualitativ transformiert. Selbstbilder zielen anders als Wahrnehmungen nicht darauf, Welt abzubilden oder zu repräsentieren. Sie sind vielmehr häufig erst konstitutiv für das, was sich dem Subjekt als Welt präsentiert, für das, was ihm in dieser Welt wichtig ist und was nicht, und unterliegen damit ungleich komplexeren Bewertungs- und Beurteilungsmechanismen. »Emotionen«, so Weber-Guskar ganz richtig, »sind nicht wahrheitsfähig, da sie keine Beschreibungen von etwas sind. [...] Emotionen sagen immer nur etwas über die Person und wie sie die Welt sieht, nicht darüber, wie die Welt von einem anderen Standpunkt jenseits der Person ist.« (2009, S. 195) Damit ist ebenfalls noch eingeräumt, dass die Person die Welt »sieht«, und man kann sogar sagen, dass das Gefühl der Person die Welt »sieht«, aber weil es das Gefühl der Person ist, das hier sieht, muss sich die Frage nach der rationalen Beurteilung des Gefühls verschieben und der Frage nach der rationalen Beurteilung der Person und ihres Selbstverständnisses Platz machen. An diesem Punkt, nur darauf kommt es hier an, hilft die Analogisierung von Gefühlen und Wahrnehmungen nicht mehr weiter, so beliebt sie auch ist. Selbstverständnisse werden von uns eher ethisch beurteilt als epistemisch, das heißt, wir fragen danach, ob sie das Leben einer Person (oder anderer, mit ihr verbundener Personen) zu einem guten Leben machen. Die Wahrheit einzelner Überzeugungen oder die Angemessenheit einzelner Gefühle spielt hier sicherlich gelegentlich eine Rolle, aber es gibt keinen Grund diese Rolle zu überschätzen oder einseitig als vordringlich zu kennzeichnen. Harry Frankfurt stellt sich einmal eine Person vor, die eine andere Person liebt, die ihrer Natur nach »vollkommen schlecht« ist, und er kennzeichnet diese Liebe (wenn es sie denn geben kann) als »Unglück« und nicht als unwahr, unangemessen oder irrational (Frankfurt 2005, S. 43). Das trifft meine Verwendung des Begriffs »Ethik«.

Diese Überlegungen werden gleich an einem weiteren Beispiel veranschaulicht. Vorher sollen noch einmal einige Vorteile einer Orientierung am Begriff des Selbstverständnisses erläutert werden.

1. Selbstverständnisse lassen sich nicht auf einzelne Überzeugungen oder Gedanken bringen, aber sie können den Status oder die Implikationen einzelner Überzeugungen oder Gedanken beeinflussen. Man kann sich das an dem Beispiel vor Augen führen, das weiter oben bereits erwähnt worden ist. Der Mann, der auf einer Party auf eine Frau trifft, der er mit äußerster Unruhe begegnet, könnte sich daran erinnern, dass sie ihn im Krieg an die Gestapo verraten hat, und sie dementsprechend verachten. William Lyons, von dem dieses Beispiel stammt, sagt, es sei »wahrscheinlich«, dass der Gedanke an den Verrat Verachtung nach sich ziehe. Er könnte aber auch das Bedürfnis haben, ihr zu verzeihen oder gar nicht über die Sache zu sprechen. Mit anderen Worten, welches Gefühl mit dem Gedanken »Sie hat mich verraten« verbunden ist – oder ob überhaupt ein Gefühl damit verbunden ist –, kann nicht sinnvoll an einzelnen Gedanken festgemacht werden. Viel wichtiger ist das gegenwärtige Selbstverständnis des Mannes, sind die Gewichtungen, die er diesem Gedanken beimisst. Darüber hinaus ist es natürlich möglich, dass er sich gar nicht an die Frau erinnert, weil er mit der Sache nichts mehr zu tun haben will oder alles erfolgreich verdrängt hat. Welche dieser

Varianten zutrifft, lässt sich nicht auf der Basis einer Analyse der gegenwärtigen Gedanken des Mannes klären, sondern nur auf der Basis einer Rekonstruktion der für sein Selbstverständnis wesentlichen Elemente.

2. Eine solche Rekonstruktion wird sich nur narrativ vollziehen lassen. Darin liegt der wahre Kern all der Gefühlstheorien, die sich auf – zumeist literarische – Narrationen konzentrieren (Nussbaum 1990; Goldie 2000; Voss 2004; Slaby 2008; Weber-Guskar 2009). Die Annahme, die hinter diesen Theorien steht, lautet: Um ein einzelnes Gefühl zu erklären, ist es nötig, zumindest einen Teil der Geschichte der Person zu erzählen, um deren Gefühle es geht. Wir müssen die Genese ihrer Wünsche und Absichten, ihrer Ziele und Pläne kennen, um zu rekonstruieren, was ihr wichtig ist oder worum sie sich sorgt. Nicht ohne Grund arbeiten auch viele Autoren, die keine explizit narrative Theorie der Gefühle formulieren, mit literarischen Beispielen.

Die These, wonach Gefühle narrativ verständlich werden können, sollte im Übrigen nicht mit der These verwechselt werden, Gefühle seien selbst narrativ strukturiert (Voss 2004; Slaby 2008, Kap. 11). Diese These halte ich für falsch, ohne diesen Punkt ausführlich begründen zu können (Hartmann 2009; ähnlich kritisch Weber-Guskar 2009, S. 58 ff). Vielmehr sind Narrative Instrumente der Interpretation menschlicher Gefühle im Kontext eines Selbstverständnisses. Das heißt auch: Gefühle legen nicht von sich aus ein bestimmtes Narrativ nahe, ja sie behalten gegenüber Versuchen, sie zu verstehen, ein gewisses Maß an Autonomie. Gerade weil Gefühle in diesem Sinne stets einen Rest an Autonomie gegenüber Versuchen ihrer Interpretation bewahren, sind sie immer wieder Gegenstand verstehender Zugriffe. Gefühle – und zwar auch und gerade komplexe Gefühle – bleiben uns häufig fremd, sie scheinen ein Eigenleben zu führen oder folgen spezifischen, nicht immer durchsichtigen Gesetzmäßigkeiten. Narrative dienen in diesem Zusammenhang dann als Versuche, das Unverständliche oder auch das Unerwartete oder Plötzliche verständlich zu machen, was auch impliziert, dass sie uns dabei helfen, das der Vorstellung zugänglich zu machen, was zunächst unzugänglich scheint. Dabei muss betont werden, dass das Vermögen der Narration selbst nicht einfach gleichmäßig auf alle Subjekte verteilt ist. Es gibt, mit anderen Worten, sicherlich emotionale, aber auch imaginative und vermutlich sogar neurologische Voraussetzungen für das, was gelegentlich als »narrative Kompetenz« bezeichnet wird (Hutto 2008). Dan Zahavi spricht in diesem Zusammenhang von den »prälinguistischen Bedingungen jeder narrativen Praxis« (2007, S. 191), und man kann davon ausgehen, dass sich an diesem Punkt ein interessantes Gespräch zwischen Gefühlsforschern literaturwissenschaftlicher, neurologischer und philosophischer Ausrichtung ergeben kann. Schizophrene etwa haben häufig Probleme, »sich« zu erzählen (Gallagher 2007). Was hier in den Blick kommt, ist das komplexe Zusammenspiel von Gefühl, Selbst und Narrativ, das keinesfalls nur als ein harmonisches verstanden werden sollte. Was wir erzählen und was wir nicht erzählen hängt immer auch daran, wer wir sind, und wer wir sind, hängt immer auch daran, welche Gefühle uns erschließen, was für uns wertvoll ist und was nicht. Narrative können dazu beitragen, diese Gefühle zu stabilisieren oder gar zu kanonisieren, sie können sie verständlich machen oder rechtfertigen – und in allen diesen Bereichen leisten sie eine wesentliche Aufgabe mit Blick auf die Konstitution des Selbst, das dieses Gefühl hat. Selbst solche Gefühle, die kulturell oder vom Selbstverständnis her überformt sind, haben aber einen neuralen, bestenfalls zunächst phänomenologisch erschließbaren Bodensatz, der das Projekt der Narration inspiriert, provoziert, aber auch konterkariert. So gesehen haben Gefühle die Sprache, die wir ihnen geben, aber auch dann sprechen sie zu uns wie etwas, das uns zustößt und das wir erleiden, das uns verständlich wird oder unverständlich bleibt.

3. Wie immer Narrative im Einzelnen aussehen, kein Narrativ wird je alle relevante Elemente eines Selbstverständnisses entfalten können: »In Wirklichkeit ist unsere Identität tiefer verankert und weist mehr Aspekte auf als die uns möglichen Artikulationen dieser Identität.« (Taylor 1994, S. 58) Wir können nicht darauf hoffen, uns selbst je vollständig transparent zu werden. So kann es durchaus vorkommen, dass wir ein Gefühl gegen unsere bewussten Überzeugungen empfinden, weil es mit einem Aspekt unseres Selbstverständnisses zusammenhängt, der uns undurchsichtig ist. Wir können diesen Aspekt schlicht nicht artikulieren. Aktuelle Gefühle müssen in diesem Sinne nicht von einem bewussten oder artikulierten Selbstverständnis ge-

tragen werden. Das Selbstverständnis fungiert vielmehr als ein Rahmen, der im Hintergrund bleibt.
4. Selbstverständnisse sind dementsprechend nicht einfach nur mehr oder weniger gut artikulierbare Überzeugungssysteme. Sie manifestieren sich auch im Verhalten und besitzen eine körperliche Dimension. Die Art, sich zu kleiden, sich zu bewegen, zu sprechen – all das ist Teil des Selbstverständnisses einer Person, manifestiert ihr Selbstverständnis.
5. Darüber hinaus besitzen Selbstverständnisse einen sozialen und historischen Index. Indem ich mich so oder so deute, reagiere ich in der Regel auf Erwartungen, die andere real oder imaginativ an mich richten. Das Problem vieler neurowissenschaftlicher und psychologischer Ansätze ist, dass sie von einem »methodologischen Solipsismus« ausgehen. Sie analysieren den mentalen Apparat einer einzelnen Person und beziehen ihn auf eine natürliche oder soziale Umwelt, auf die er reagiert. Viele Intentionen oder Absichten aber lassen sich nur im Rahmen einer sozialen Position oder eines sozialen Status formulieren. Die Absicht, einer anderen Nation Krieg zu erklären, kann unter normalen Umständen nur ein Kanzler oder Präsident haben (Williams 1995, S. 85 f.). Ohne Bezug auf diese Position ließe sich das Ausbilden der Intention nicht erklären. Diese Erwartungen anderer, diese Position oder dieser Status beeinflussen in der Regel das Selbstverständnis der Person, das damit auf elementare Weise intersubjektiv konstituiert ist. Schließlich lassen sich Selbstverständnisse in ihrem historischen Wandel begreifen. Sie sind nichts Festes oder Unwandelbares und müssen vor dem Hintergrund eines ganzen soziohistorischen Kontextes gedeutet werden. Mit dem Selbstverständnis wandelt sich entsprechend auch das Verständnis der Gefühle. So heißt es bei David Konstan: »Um dergleichen Verschiebungen [im Verständnis dessen, was überhaupt als Gefühl gilt] nachvollziehen zu können, benötigt man so etwas wie einen Atlas des Geistes, dessen Karten die unterschiedlichen Auffassungen der menschlichen Psyche oder des menschlichen Selbst abbilden« (2009, S. 41). Der Zugang zum angemessenen Verständnis der Gefühle muss also über ein angemessenes Verständnis der jeweiligen Auffassungen des Selbst vollzogen werden, und dieser Zugang wiederum bedarf historischer, soziologischer, kulturwissenschaftlicher und philosophischer Analyse. Amélie Oksenberg Rorty hat nachdrücklich

auf diesen Punkt aufmerksam gemacht: »Das charakteristische emotionale Repertoire einer Person oder einer Gesellschaft, das Muster ihrer hervorstechenden oder schwindenden Gefühle und Einstellungen wird durch politische und ökonomische Arrangements strukturiert und bestärkt diese ihrerseits.« (Rorty 2004, S. 276)

6. Der Versuch, ein individuelles oder ein kulturelles Selbstverständnis zu artikulieren, impliziert stets ein interpretatorisches Moment. Er muss zunächst mit den Beschreibungen auskommen, mit deren Hilfe sich Individuen oder Kulturen charakterisieren, und diese Beschreibungen auslegen und auf ihre Bedeutung für die Individuen und Kulturen hin befragen. Folglich geht es nicht darum, diese Beschreibungen durch wissenschaftliche korrekte Beschreibungen zu ersetzen, die ohne interpretatorisches Moment auskommen. Autoren, die sich an die Hirnforschung anlehnen, glauben häufig, dass neurophysiologische Erkenntnisse neue Definitionen wesentlicher Begriffe unserer Alltagssprache nahe legen. Doch diese Position übersieht, dass neurophysiologische Theorien auf diese Alltagssprache angewiesen sind, um zu benennen, was sie erklären wollen. »Keine Wissenschaft kann eliminieren, was existieren muss, damit es etwas gibt, was sie erklären kann.« (Williams 1995, S. 85; Bennett/Hacker 2003, S. 384) Die Hirnforschung bemüht sich darum, die neurologische Basis für Phänomene wie Wahrnehmung, Erinnerung, Denken, Glauben, Furcht, Humor etc. zu finden, und das heißt, sie kann diese Phänomene nicht durch andere Phänomene ersetzen. Der Ausgang von Selbstverständnissen verweist an sich schon auf vorhandene Muster der Deutung eigener oder fremder Zugänge zu sich selbst und zu anderen, so dass die Versuchung, diese Selbstverständnisse durch eine wertneutrale oder objektive Sprache zu ersetzen, gar nicht erst aufkommen kann.

Diese sechs Punkte sollen darauf aufmerksam machen, dass sowohl viele kognitivistische Positionen als auch die neurowissenschaftlichen Ansätze in ihren Analysen zu kurz greifen, weil sie ihre jeweiligen Theorien nicht in einen größeren Rahmen einbetten, der die einzelnen Ergebnisse der Analysen unterfüttern könnte. Allerdings lassen sich durch den Ausgang vom Selbstverständnis auch nicht alle im Rahmen dieser Einführung aufgeworfenen Fragen beantworten. Wie steht es mit den Gefühlen von Kindern? Hängen auch sie an einem Selbstverständnis? Das klingt dann unplausibel, wenn man an Kleinkinder denkt. Andererseits spricht nichts dagegen, die mit einem Selbstverständnis verbundenen Gefühle aus primitiven und unartikulierten Gefühlen hervorgehen zu lassen. Vielleicht ist die erste Furcht des Kindes die Furcht vor Wut im Allgemeinen. Erst später erkennt das Kind die spezifischen Motive, die die Wut eines Erwachsenen leiten. Noch später dann reagiert das Kind (der Jugendliche) nur dann mit Furcht, wenn es die Berechtigung der Wut einsieht, weil es die Normen versteht und akzeptiert, die es gebrochen hat (Williams 2000, S. 195). Auf diese Weise lässt sich eine Stufenfolge der Gefühle skizzieren, die mit primitiven Gefühlen anhebt und in die Beschreibung komplexer Gefühle mündet.

Am Beispiel der Scham

Wie eine reichhaltigere Analyse eines Gefühls aussehen kann, sei abschließend an Bernard Williams' Deutung der Scham in *Scham, Schuld und Notwendigkeit* (2000) gezeigt.

Williams lehnt seine Untersuchung vor allem an literarische Beispiele aus der Antike an, da es der größeren Absicht seines Buchs entspricht, aus den gewählten Beispielen so etwas wie die Konturen einer Schamkultur ausfindig zu machen. Schritt für Schritt wird aus zunächst einfachen Bausteinen eine komplexe Theorie der Scham (und der Schuld) aufgebaut. Williams definiert Scham dabei zunächst als die Grunderfahrung, von den falschen Leuten in einer unangenehmen Lage auf unangenehme Weise gesehen zu werden (Williams 2000, S. 91). Odysseus will nicht nackt mit den Gefährten der Nausikaa umherziehen; Penelope will nicht allein vor den Freiern erscheinen. Träte das eine oder andere ein, würden sie sich schämen. Auf dieser basalen Ebene geht es in der Scham also zunächst um die Art und Weise, wie man von wem in welcher Lage gesehen wird. Wichtig ist, dass Scham auf dieser, aber auch auf der nächsten Stufe zumeist als vorweggenommene Scham thematisch wird. Odysseus und Penelope fürchten die Scham, die unter bestimmten Umständen einträte, und können diese Furcht als Motiv heranziehen, das entsprechende Verhalten zu unterlassen. Es entspricht mithin nicht ihrem Selbstbild, auf die eine oder andere Weise von bestimmten Personen gesehen zu werden.

Auf einer weiteren Stufe gilt die Scham dem, was andere über mein Handeln sagen werden. Auch auf dieser Stufe kann an die (vorweggenommene) Scham appelliert werden. Aias spricht in der Ilias zu seinen Kampfgenossen: »Freunde! seid Männer und legt euch Scham in den Mut! [...] Da, wo Männer sich schämen, werden mehr gerettet als getötet.« (Zit. nach Williams 2000, S. 93) Scham soll hier als vorweggenommene Scham Handlungen verhindern, soll Feigheit besiegen. Tut jemand doch, was Scham hätte verhindern sollen, reagiert er mit *némesis* (Verachtung, Groll, Schock, Zorn, Empörung). Aber auch diese Empörung ist sozial gefasst; sie steht für die Empörung anderer, die man teilen würde, weil man diese anderen und ihre Wertungen respektiert. Es handelt sich bei dieser Scham und Empörung, wie Williams betont, um »geteilte Gefühle« (ebd., S. 94). Man kann auf dieser Ebene überhaupt nur an die Scham appellieren, weil man weiß, dass alle in gleicher Weise über das denken, was Scham verdient.

Auf der nächsten Stufe nun sind für Scham nicht mehr die vorweggenommenen Blicke oder Kommentare anderer maßgeblich, sondern ein verinnerlichter anderer, der nicht unbedingt für eine konkrete Gemeinschaft steht, dessen Meinungen und Urteile wir aber in jedem Fall respektieren würden: »Der verinnerlichte andere ist tatsächlich eine abstrakte, verallgemeinerte und idealisierte Größe, aber er ist potentiell ein Jemand und nicht ein Niemand, und zwar ein Jemand, der anders ist als ich.« (Ebd., S. 99) Was sich an dieser Stelle zeigt, ist die enge Verbindung von Scham und Respekt. Das Gefühl der Scham ist angewiesen auf die Existenz eines realen oder imaginierten anderen, der Werte und Haltungen aufweist, die auch die meinen sind. Scham lässt sich folglich nicht in der Perspektive des methodologischen Solipsismus begreifen. Um Scham zu rekonstruieren, ist es nötig, den verinnerlichten anderen zu beschreiben, auf dessen imaginierte Reaktionen ich reagiere. Scham offenbart damit auch die Angewiesenheit des Einzelnen auf kooperative Akte anderer. Tritt reale Scham ein, nachdem ich getan habe, was vorweggenommene Scham hätte verhindern sollen, dann gilt die Scham meinem Versagen als Kooperationswesen (Gibbard 1990, S. 138).

Nicht anders als heutige Autoren kennzeichnen die Griechen die Reaktion nach eingetretener Scham als den Wunsch zu verschwinden oder unsichtbar zu werden. Darüber hinaus aber konfrontiert mich eingetretene Scham in radikaler Weise mit mir selbst: »Die Scham verweist mich auf das, was ich bin.« (Williams 2000, S. 109) In der Scham frage ich mich, wie es zu meinem Versagen kommen konnte; ich frage mich, wie mein Verhältnis zu den anderen beschaffen ist. Williams sieht hierin einen Unterschied zur modernen Schuld, die unsere Aufmerksamkeit weniger auf uns selbst als auf die lenkt, denen wir Unrecht getan haben. Scham vermag die Schuld zu verstehen, weil sie mich zwingt, darüber nachzudenken, wie es zu dem schuldhaften Verhalten kommen konnte. Sie vermittelt in diesem Sinne zwischen dem Individuum und der Welt und hängt an meinem Verständnis als jemand, »der unter bestimmten sozialen Bedingungen leben kann, unter anderen aber nicht.« (ebd., S. 118) Und dieses »kann« darf nicht allzu voluntaristisch verstanden werden. Williams beschreibt mit Hilfe seiner literarischen Vorlagen Charaktere, die Identitäten besitzen, die sie oft genug zwingen, den sozialen Gesetzmäßigkeiten der Scham zu gehorchen. Scham besitzt insofern eine objektive Kraft, sie liefert mir Gründe für mich, die Gründe an sich sind.

Es soll hier nicht darum gehen, Williams' in allen Aspekten seiner Deutung Recht zu geben. So erfahren wir nicht genug über die Möglichkeit, sich für ein Handeln zu schämen, obwohl wir die Scham nicht für berechtigt halten. Man könnte fast sagen, dass Williams die Scham übersozialisiert. Sofern es sinnvoll ist, von einer Schamkultur zu reden, scheinen die, die sich schämen, immer schon die Werte verinnerlicht zu haben, die einen Status oder Rang in der Kultur definieren. Was Wollheim die Heteronomie der Scham nennt, mag dann zu kurz kommen (Wollheim 2001, S. 186). Unabhängig von diesem Punkt aber ging es vor allem darum, auf die Elemente hinzuweisen, die für eine angemessene Rekonstruktion der Scham nötig sind. Deutlich wurde, in welchem Maße diese Rekonstruktion an der Herausbildung eines geteilten Selbstverständnisses hängt, in dessen Licht einzelne Handlungen überhaupt erst als schamvoll empfunden werden können. Dieses Selbstverständnis muss darüber hinaus eingebettet werden in einen kulturellen Rahmen, der auch Auskunft gibt über die sozial und ökonomisch wesentlichen Strukturen der relevanten Epoche.

Nun könnte man aus philosophischer oder gar neurowissenschaftlicher Sicht natürlich sagen, dass es nicht Aufgabe der Philosophie oder Neurowissenschaft ist (oder sein kann), diese umfassenden Details zu klären. Williams' Analyse zeigt, wie sehr das Gegenteil der Fall ist. Die diese Einführung strukturierende Auseinandersetzung zwischen kognitivistischen und anti-kognitivistischen Positionen hat auf ihre Weise eine ganze Reihe von Klärungen gebracht, die auch für zukünftige Debatten relevant sein werden. Aber sie hat sich zu sehr auf die den jeweiligen Positionen zugrunde liegenden Methodologien gestützt und deswegen viele verzerrte Resultate gezeitigt. Wer am Ende eine abschließende Definition erwartet, die alle Probleme mit einem Schlag auflöst, wird enttäuscht sein. Der skizzierte Ausgang von Selbstverständnissen besitzt vermutlich große Nähe zu jenen Theorien, die Gefühle aus voluntativen und kognitiven Elementen zusammensetzen. Aber diese Elemente sind selbst noch einmal eingebettet in Selbstverständnisse, die weitere Elemente enthalten. Und so muss auch der Begriff kognitiv in diesem Zusammenhang sehr weit verstanden werden. Es kommt nur selten vor, dass wir das mit einem Gefühl verbundene Selbstverständnis gleichsam in seiner Gänze vor dem inneren Auge unseres Bewusstseins vorüberziehen lassen können. Vieles bleibt unartikuliert und unklar. Kognitiv heißt dann: Viele unserer Gefühle sind verbunden mit Annahmen, Überzeugungen, Wertungen oder Urteilen, die wir unter bestimmten Bedingungen ausbuchstabieren können. »Verbunden« heißt dann: Ohne diese Annahmen etc. wären wir nicht in der Lage, das Gefühl zu verstehen. Wenn es uns nicht gelingt, alle relevanten Elemente eines Gefühls zu artikulieren, kann das verschiedene Ursachen haben, die psychoanalytisch, psychologisch, aber auch neurowissenschaftlich begründet werden mögen, je nachdem, welcher dieser Ansätze im konkreten Fall die meiste Plausibilität für sich beanspruchen kann.

Man könnte einwenden, dass der Ausgang von Selbstverständnissen nur für einige Gefühle wirklich fruchtbar ist, für andere aber nicht. Das aber muss erst einmal gezeigt werden. Dass wir Gefühle haben, hat etwas mit der Tatsache unserer organischen Existenz zu tun, es hat aber auch etwas mit der Tatsache zu tun, dass wir als Menschen auf andere angewiesen sind. Gefühle hängen damit im Wesentlichen an unserem Selbstverständnis als Mensch, in das biologische und soziale Faktoren einfließen. Wir können uns, das zeichnet den Menschen aus, zu diesem Faktum verhalten. Wir können sogar versuchen, unsere Existenz als Gefühlswesen zu verleugnen, wenn wir die mit Gefühlen einhergehenden und die sie stützenden Abhängigkeiten vermeiden wollen (ohne uns mit Eisenstangen den Schädel zu durchbohren). Wir kennen das Phänomen gewählter und allemal das Phänomen sozialer Gefühlskälte. Selbst wenn es also so scheint, als ließen sich einzelne Gefühle ohne Bezug auf konkrete Selbstverständnisse verstehen, muss erst noch gezeigt werden, dass wir das Faktum, überhaupt Gefühle zu haben, verstehen können, ohne auf die Frage zu antworten, was der Mensch als Mensch sei.

Literatur

Das Literaturverzeichnis enthält auch Literatur, die im Text nicht explizit erwähnt oder zitiert wird.

Lexika

Goldie, Peter (Hg.) (2010), *The Oxford Handbook of Philosophy of Emotion*, Oxford: Enthält 30 jeweils längere Artikel zu philosophischen Themen der Gefühlsforschung. Die Titel der sechs Teile lauten: Was Gefühle sind; Die Geschichte der Gefühle; Gefühle und praktische Vernunft; Gefühle und das Selbst; Gefühle, Wert und Moral; Gefühl, Kunst und Ästhetik.

Die vier folgenden Lexika haben einen sehr ähnlichen Aufbau und führen unter Bezug auf die jeweils aktuellste Literatur in die einzelnen Themengebiete der Gefühlsforschung ein. Philosophische Ansätze kommen vor allem am Anfang von Dalgleish/Power und Lewis/Haviland-Jones/Feldman Barrett, aber auch in einzelnen Einträgen von Sander/Scherer zu Wort.

Dalgleish, Tim /Mick J. Power (Hg.) (1999), *Handbook of Cognition and Emotion*, Chichester: Enthält 38 Artikel, die überwiegend von Psychologen stammen. Die Titel der fünf Teile des Lexikons lauten: Allgemeine Aspekte; Kognitive Prozesse; Gefühle; Theorien der Kognition und Gefühle; Anwendungen.

Davidson, Richard J./Klaus R. Scherer/H. Hill Goldsmith (Hg.) (2003), *Handbook of Affective Sciences*, Oxford: Enthält 59 Artikel, die überwiegend von Psychologen und Neurophysiologen stammen. Die Titel der zehn Teile des Lexikons lauten: Neurowissenschaft; Autonome Psychophysiologie; Genetik und Entwicklung; Ausdruck der Gefühle; Kognitive Komponenten des Gefühls; Persönlichkeit; Gefühle und Soziale Prozesse; Evolutionäre und kulturelle Perspektiven des Affekts; Gefühle und Psychopathologie; Gefühle und Gesundheit.

Lewis, Michael/Jeannette M. Haviland-Jones/Lisa Feldman Barrett (Hg.) (2008), *Handbook of Emotions*, New York/London (dritte Auflage): Enthält

49 Artikel, die überwiegend von Psychologen und Neurophysiologen stammen. Die Titel der acht Teile des Lexikons lauten: Interdisziplinäre Grundlagen; Biologische und Neurophysiologische Annäherungen an Gefühle; Wandlungen der Entwicklung; Soziale Perspektiven; Fragen der Persönlichkeit; Kognitive Faktoren; Gesundheit und Gefühle; Ausgewählte Gefühle.

Sander, David/Klaus R. Scherer (Hg.) (2009), *The Oxford Companion to Emotion and the Affective Sciences*, Oxford: Enthält sehr viele kleine und größere Artikel aus verschiedenen Disziplinen. Lexikon mit den meisten Einträgen.

Einführende Literatur und Monographien

Damasio, Antonio R. (1994), *Descartes' Error. Emotion, Reason and the Human Brain*, New York (dt. 1995, *Descartes' Irrtum. Fühlen, Denken und das menschliche Gehirn*, München): Einflussreiche Studie, die aus neuropyhsiologischer Sicht den Ort der Gefühle bestimmt. Berühmt geworden wegen der langen Schilderung des Falles Phineas Gage. Damasio hebt den rationalitätsfundierenden Charakter der Gefühle hervor und diskutiert das Konzept der somatischen Marker.

Damasio, Antonio R. (2003), *Looking for Spinoza. Joy, Sorrow, and the Feeling Brain*, Orlando (dt. 2003, *Der Spinoza-Effekt. Wie Gefühle unser Leben bestimmen*, München): Damasio erläutert in diesem gut lesbaren Buch seine Unterscheidung zwischen Emotionen und Gefühlen. Darüber hinaus versucht er zu zeigen, dass seine Theorie einen wichtigen Vorläufer in der Ethik Spinozas besitzt. Hervorgehoben wird die lebensstabilisierende Rolle der Gefühle.

Demmerling, Christoph/Hilge Landweer (2007), *Philosophie der Gefühle. Von Achtung bis Zorn*, Stuttgart: Phänomenologisch inspirierte Studie, die die Rolle des Leibs in Gefühlsprozessen hervorhebt. Im Anschluss an die »neue« Phänomenologie von Hermann Schmitz wird dabei die subjektive Perspektive des leiblichen »Betroffenseins« von Gefühlen hervorgehoben; objektiv sind Gefühle gleichwohl auch, weil sie »durch die leiblichen Richtungen mit den Gefühlen anderer interagieren können«. Vor diesem Hintergrund enthält die Studie zahlreiche feinsinnige Beschreibungen einzelner Gefühle (u. a. Angst, Ekel, Achtung, Liebe, Stolz, Scham, Neid, Glück), wohl wissend, dass unsere Sprache zur Beschreibung leiblichen Spürens eher unterentwickelt ist.

LeDoux, Joseph (1996), *The Emotional Brain. The Mysterious Underpinnings of Emotional Life*, New York (dt. 1998, *Das Netz der Gefühle. Wie Emotionen entstehen*, München): Stellt aus neurophysiologischer Sicht die Rolle der Gefühle im tierischen und menschlichen Leben dar. Geht davon aus, dass emotionale Reize unbewusst verarbeitet werden, und steht insofern kritisch dem Kognitivismus gegenüber. Konzentriert sich vor allem auf Furcht als Gefühl.

Elster, Jon (1999), *Alchemies of the Mind. Rationality and the Emotions*, Cambridge: Schwer lesbare Studie, die auf den rationalitätsgefährdenden Aspekt der Gefühle eingeht. Gegenüber der zunehmend sich ausbreitenden positiven Wertschätzung des Gefühlslebens eine hilfreiche Korrektur. Enthält eine wichtige Diskussion der menschlichen Fähigkeit, auf empfundene Gefühle so oder so zu reagieren und sie dadurch gegebenenfalls zu transformieren.

Ferran, Íngrid Vendrell (2008), *Die Emotionen. Gefühle in der realistischen Phänomenologie*, Berlin: Im Anschluss an lange Zeit vergessene Autoren der frühen phänomenologischen Bewegung (u. a. Edith Stein, Else Voigtländer, Max Scheler, Aurel Kolnai) unternimmt Ferran in dieser lehrreichen Studie den Versuch, den unlösbaren Zusammenhang von Leiblichkeit und Intentionalität als wesentlich für Gefühle zu kennzeichnen. Es geht dabei vor allem darum, den Gegensatz zwischen Kognitivisten und eher physiologisch orientierten Ansätzen zu überwinden.

Frijda, Nico H. (1987), *The Emotions*, Cambridge: Aus psychologischer Sicht werden die Situationen in den Blick genommen, die Gefühle auslösen. Geht davon aus, dass Gefühle darauf beruhen, wie Situationen im Lichte vorhandener Interessen eingeschätzt werden. Diese Einschätzung verändert dann auch die Handlungsbereitschaft der Akteure. Einflussreich.

Goldie, Peter (2000), *The Emotions. A Philosophical Exploration*, Oxford: Eine sehr lesenswerte Einführung in die wichtigsten philosophischen Aspekte der Gefühlsforschung. Schlägt vor, Gefühle narrativ zu rekonstruieren, und arbeitet oft mit literarischen Beispielen. Bekannt geworden ist vor allem Goldies Versuch, die spezifische Intentionalität des Fühlens zu erfassen (*feeling towards*).

Gordon, Robert M. (1987), *The Structure of Emotions. Investigations in Cognitive Philosophy*, Cambridge: Trockene, aber einflussreiche Studie. Gordon vertritt die These, dass sich Gefühle aus kognitiven Elementen und aus Wunschelementen zusammensetzen. Außerdem versucht er, »epistemische« von »faktischen« Gefühlen zu trennen. Entscheidend für diese Trennung ist der Grad der Gewissheit, der mit den gefühlskonstitutiven kognitiven Elementen verbunden ist.

Green, Harvey O. (1992), *The Emotions. A Philosophical Theory*, Dordrecht: Sehr dicht geschriebenes Buch, das Gefühle aus kognitiven und voluntativen Elementen zusammensetzt. Geht ausführlich auf die Frage ein, wie Gefühle ihre Rationalität gewinnen.

Griffiths, Paul E. (1997), *What Emotions Really Are. The Problem of Psychological Categories*, Chicago: Stark wissenschaftstheoretisch orientierte Arbeit, die unter Bezug auf psychologische und neurophysiologische Ansätze den Kognitivismus kritisiert. Schlägt vor, Gefühle nicht länger als eine einheitliche Art zu behandeln. Nicht immer leicht zu lesen, aber wichtig für die neueren Debatten.

DeLancey, Craig (2002), *Passionate Engines. What Emotions Reveal About Mind and Artificial Intelligence*, Oxford: Geht aus neurophysiologischer und psychologischer Sicht kritisch mit kognitivistischen Positionen ins Gericht. Deutet Gefühle am Leitfaden von Affektprogrammen. Versucht trotzdem, die Intentionalität und Rationalität von Gefühlen zu retten.

Newmark, Catherine (2008), *Passion – Affekt – Gefühl. Philosophische Theorien der Emotionen von Aristoteles bis Kant,* Berlin: Hilfreiche historische Studie über zentrale philosophische Gefühlstheorien (Aristoteles, Stoa, Thomas von Aquin, Descartes, Hobbes, Spinoza, Leibniz, Wolff, Kant).

Nussbaum, Martha C. (2001), *Upheavals of Thought. The Intelligence of Emotions*, Cambridge: Umfangreiche Studie, die versucht, die kognitivistische Position gegen ihre Kritiker zu verteidigen. Enthält Kapitel über die Gefühle von Tieren und Kleinkindern sowie eine ausführliche Diskussion des Mitleids. Verweist immer wieder auf den grundlegenden Charakter der Liebe. Behandelt auch die Emotionalität von Musik und nutzt vor allem literarische und musikalische Beispiele zur Veranschaulichung der eigenen Thesen.

Pugmire, David (1998), *Rediscovering Emotion*, Edingburgh: Gut lesbare Studie, die dem Kognitivismus vorwirft, den phänomenologischen Charakter der Gefühle nicht hinreichend zu erfassen. Geht davon aus, dass Gefühle Überzeugungen und Urteile hervorbringen können und dementsprechend nicht erschöpfend durch diese kognitiven Elemente definiert werden.

Slaby, Jan (2008), *Gefühl und Weltbezug. Die menschliche Affektivität im Kontext einer neo-existentialistischen Konzeption von Personalität,* Paderborn: Sehr gehaltvolle Studie, die versucht, wesentliche kognitivistische Intuitionen in eine existentialistisch-phänomenologische Sprache zu kleiden. Enthält wichtige Diskussionen zur Intentionalität von Empfindungen und eindrückliche Analysen einzelner Gefühle im Anschluss an Heidegger.

Solomon, Robert C. (1993), *The Passions. Emotions and the Meaning of Life*, Indianapolis/Cambridge (überarbeitete Ausgabe eines ursprünglich 1976 veröffentlichten Buchs): Hat mit großem Einfluss eine kognitivistische Theorie der Gefühle propagiert. Geht davon aus, dass die Neigung, Gefühle als Phänomene zu sehen, die uns passiv überfallen, einer unverantwortlichen Selbsttäuschung des Menschen entspringt. Existenzialistischer Einschlag. Das Buch enthält ein »emotionales Register«, in dem die mit verschiedenen Gefühlen einhergehenden Urteile und Überzeugungen aufgelistet werden.

Sousa, Ronald de (1987), *The Rationality of Emotion*, Cambridge/ Mass./London (dt. 1997, *Die Rationalität des Gefühls,* Frankfurt/M.): Wichtige Studie mit Blick auf den Prozess der Rationalisierung der Gefühle. Führt aus, dass Rationalität ohne Gefühle nicht funktionieren kann. Entwickelt die Konzeption der »Schlüsselszenarien« und zielt damit auf Situationen, in denen die typischen Gegenstände der Gefühle und die typischen Reaktionen auf diese Gegenstände erworben werden.

Voss, Christiane (2004), *Narrative Emotionen. Eine Untersuchung über Möglichkeiten und Grenzen philosophischer Emotionstheorien*, Berlin: Enthält eine ausführliche Rekonstruktion der Kognitivismus-Debatte und schlägt selbst in Anlehnung an Nussbaum und andere ein Modell narrativer Emotionen vor. Nicht immer leicht zu lesen, aber gewinnbringend.

Weber-Guskar, Eva (2009), *Die Klarheit der Gefühle*, Berlin: Erläutert auf sehr klare und hilfreiche Weise, was es heißt, ein Gefühl an sich selbst und an anderen zu verstehen. Entwickelt ein Modell der narrativen Erklärung von Gefühlen und thematisiert auch die Problematik der »echten« und »falschen« Gefühle.

Wollheim, Richard (1999), *On the Emotions*, New Haven/London (dt. 2001, *Emotionen. Eine Philosophie der Gefühle*, München): Stellt Wünsche in den Mittelpunkt der Erklärung von Gefühlen und plädiert angesichts sprachlastiger Varianten des Kognitivismus für eine Repsychologisierung des Geistes und der philosophischen Gefühlsforschung. Starker psychoanalytischer Einschlag. Sehr schwierig zu lesen, aber ungemein fruchtbar.

Sammelbände

Anghern, Emil/Bernard Baertschi (Hg.) (2000), *Emotion und Vernunft*, Bernetal.

Borutta, Manuel/Nina Verheyen (Hg.) (2010), *Die Präsenz der Gefühle. Männlichkeit in der Moderne*, Bielefeld.

Calhoun, Cheshire/Robert C. Solomon (Hg.) (1984), *What is an Emotion? Classic Readings in Philosophical Psychology*, Oxford.

Craemer-Ruegenberg, Ingrid (Hg.) (1981), *Pathos, Affekt, Gefühl. Philosophische Beiträge*, Freiburg.

Döring, Sabine A. (Hg.) (2009), *Philosophie der Gefühle*, Frankfurt/M.

Döring, Sabine A./Verena Mayer (Hg.) (2002), *Die Moralität der Gefühle*, Sonderband 4 der Deutschen Zeitschrift für Philosophie, Berlin.

Fink-Eitel, Hinrich/Georg Lohmann (Hg.) (1993), *Zur Philosophie der Gefühle*, Frankfurt/M.

Flick, Sabine/Annabelle Hornung (Hg.) (2009), *Emotionen in Geschlechterverhältnissen. Affektregulierung und Gefühlsinszenierung im historischen Wandel*, Bielefeld.

Goldie, Peter (Hg.) (2002), *Understanding Emotions. Mind and Morals*, Aldershot.

Harbsmeier, Martin/Sebastian Möckel (Hg.) (2009), *Pathos, Affekt, Emotion. Transformationen der Antike*, Frankfurt/M.
Harlan, Lindsey C./Robert C. Solomon (Hg.) (2004), *Thinking about Feeling. Contemporary Philosophers on Emotions*, Oxford.
Hatzimoysis, Anthony (Hg.) (2003), *Philosophy and the Emotions*, Cambridge.
Herding, Klaus/Bernhard Stumpfhaus (Hg.) (2004), *Pathos, Affekt, Gefühl. Die Emotionen in den Künsten*, Berlin/New York.
Herding, Klaus/Antje Krause-Wahl (Hg.) (2007), *Wie sich Gefühle Ausdruck verschaffen*, Taunusstein.
Hübsch, Stefan/Dominic Kaegi (Hg.) (2001), *Affekte. Philosophische Beiträge zur Theorie der Emotionen*, Heidelberg.
Kahle, Gerd (Hg.) (1981), *Logik des Herzens. Die soziale Dimension der Gefühle*, Frankfurt/M.
Landweer, Hilge (Hg.) (2007), *Gefühle – Struktur und Funktion*, Sonderband 14 der Deutschen Zeitschrift für Philosophie, Berlin.
Landweer, Hilge/Ursula Renz (Hg.) (2008), *Klassische Emotionstheorien. Von Platon bis Wittgenstein*, Berlin.
Merker, Barbara (Hg.) (2009), *Leben mit Gefühlen. Emotionen, Werte und ihre Kritik*, Paderborn.
Michel, Paul (Hg.) (2005), *Unmitte(i)lbarkeit. Gestaltungen und Lesbarkeit von Emotionen*, Freiburg.
Neumayr, Agnes (Hg.) (2007), *Kritik der Gefühle. Feministische Positionen*, Wien.
Risi, Clemens/Jens Roselt (Hg.) (2009), *Koordinaten der Leidenschaft. Kulturelle Aufführungen von Gefühlen*, Berlin.
Rorty, Amélie Oksenberg (Hg.) (1980), *Explaining Emotions*, Berkeley.
Schützeichel, Rainer (Hg.) (2006), *Emotionen und Sozialtheorie. Disziplinäre Ansätze*, Frankfurt/M.
Stephan, Achim/Henrik Walter (Hg.) (2004), *Natur und Theorie der Emotion*, Paderborn (zweite Auflage).

Sonstige Literatur

Adorno, Theodor W. (1966), *Negative Dialektik*, Frankfurt/M.
Alston, William P. (1967), »Emotion and Feeling«, in: Paul Edwards (Hg.), *The Encyclopedia of Philosophy*, Bd. 2, New York, S. 479–486 (dt. 1981: »Emotion und Gefühl«, in: Gerd Kahle (Hg.), *Logik des Herzens. Die soziale Dimension der Gefühle*, Frankfurt/M., S. 9–33).

D'Arms, Justin/Daniel Jacobson (2003), »The significance of recalcitrant emotion (or, anti-quasijudgmentalism)«, in: Anthony Hatzimoysis (Hg.), *Philosophy and the Emotions*, Cambridge, S. 127–145.
Bennett, M. R./P. M. Hacker (2003), *Philosophical Foundations of Neuroscience*, Oxford et al.
Bråten, Stein (Hg.) (1998), *Intersubjective Communication and Emotion in Early Ontogeny*, Cambridge.
Broad, Charlie Dunbar (1934), *Five Types of Ethical Theory*, London.
Broad, Charlie Dunbar (1954), »Emotion and Sentiment«, in: *The Journal of Aesthetics and Art Criticism*, Band 13, Heft 2, S. 203–214.
Budd, Malcolm (1985), *Music and the Emotions*, London.
Buddensiek, Friedemann (2008), »Stoa und Epikur: Affekte als Defekte oder als Weltbezug?«, in: Hilge Landweer/Ursula Renz (Hg.), *Klassische Emotionstheorien. Von Platon bis Wittgenstein*, Berlin, S. 71–93.
Cannon, Walter B. (1927), »The James-Lange Theory of Emotions: A Critical Examination and Alternative Theory«, in: *The American Journal of Psychology*, Band 39, Heft 1–4, S. 106–124.
Crane, Tim (1998), »Intentionality as the Mark of the Mental«, in: Anthony O'Hear (Hg.), *Current Issues in Philosophy of Mind*, Cambridge, S. 229–251.
Damasio, Antonio R. (1999), *The Feeling of What Happens. Body and Emotion in the Making of Consciousness*, New York (dt. 2000, *Ich fühle, also bin ich. Die Entschlüsselung des Bewusstseins*, München).
Davidson, Donald (2004), »Vernünftige Tiere«, in: ders., *Subjektiv, intersubjektiv, objektiv*, Frankfurt/M., S. 167–185.
Deigh, John (1994), »Cognitivism in the Theory of Emotions«, in: *Ethics*, Band 104, Juli, S. 824–854.
Deigh, John (2001), »Emotions: The Legacy of James and Freud«, in: *International Journal of Psychoanalysis*, Band 82, S. 1247–1256.
Deigh, John (2004), »Primitive Emotions«, in: Lindsey C. Harlan/ Robert C. Solomon (Hg.), *Thinking about Feeling. Contemporary Philosophers on Emotions*, Oxford, S. 9–27.
Demmerling, Christoph (2004), *Gefühle und Moral. Eine philosophische Analyse*, Bonn.
Descartes, René (1996), *Die Leidenschaften der Seele*, hg. v. Klaus Hammacher, Hamburg.
Dewey, John (2003), »Die Elementareinheit des Verhaltens«in: ders., *Philosophie und Zivilisation*, Frankfurt/M., S. 230–244.
Dolan, Raymond J. (2003), »Feeling Emotional. What Can a Seventeenth-Century Philosopher Possibly Tell Us About Emotion?«, in: *Nature*, Band 421, 27. Februar, S. 893–894.
Döring, Sabine (2010), »Why be Emotional?«, in: Peter Goldie (Hg.), *The Oxford Handbook of Philosophy of Emotion*, Oxford, S. 283–301.

Döring, Sabine A./Christopher Peacocke (2002), »Handlungen, Gründe und Emotionen«, in: Sabine A. Döring/Verena Mayer (Hg.), *Die Moralität der Gefühle*, Berlin, S. 81–103.

Dornes, Martin (1993), *Der kompetente Säugling. Die präverbale Entwicklung des Menschen*, Frankfurt/M.

Downing, George (2000), »Emotion Theory Reconsidered«, in: Mark A. Wrathall/Jeff Malpas (Hg.), *Heidegger, Coping, and Cognitive Science. Essays in Honor of Hubert L. Dreyfus*, Band 2, Cambridge/Mass., S. 245–270.

Douglas-Cowie, Ellen/Nick Campbell/Roddy Cowie/Peter Roach (2003), »Emotional Speech: Towards a New Generation of Databases«, in: *Speech Communication*, 40:1–2, S. 33–60.

Dunn, Judy (2003), »Emotional Development in Early Childhood: A Social Relationship Perspective«, in: Richard Davidson/Klaus R. Scherer/H. Hill Goldsmith (Hg.), *Handbook of Affective Sciences*,

Oxford, S. 332–346.

Ekman, Paul (1980), »Biological and Cultural Contributions to Body and Facial Movement in the Expression of Emotions«, in: Amélie Oksenberg Rorty (Hg.), *Explaining Emotions*, Berkeley et al., S.73–101.

Ekman, Paul (1999), »Basic Emotions«, in: Tim Dalgleish/Mick J. Power (Hg), *Handbook of Cognition and Emotion*, Chichester et al., S.45–60.

Frankfurt, Harry G. (2005), *Gründe der Liebe*, Frankfurt/M.

Freud, Sigmund (1975), »Das Unbewußte«, in: ders., Studienausgabe, Band III (*Psychologie des Unbewußten*), Frankfurt/M., S. 119–173.

Frevert, Ute (2009), »Was haben Gefühle in der Geschichte zu suchen?«, in: *Geschichte und Gesellschaft*, 35, S. 183–208.

Gallagher, Shaun (2007), »Pathologies in Narrative Structures«, in: Daniel D. Hutto (Hg.), *Narrative and Understanding Persons*, Cambridge, S. 203–224.

Gibbard, Allan (1990), *Wise Choices, Apt Feelings. A Theory of Normative Judgment*, Cambridge/Mass.

Goel, Vinod/Raymond J. Dolan (2001), »The functional anatomy of humor: segregating cognitive and affective components«, in: *nature neuroscience*, Band 4, Heft 3, S. 402–403.

Goldie, Peter (2009), »Getting Feelings into Emotional Experience in the Right Way«, in: *Emotion Review*, 1:3, S. 232–239.

Goleman, Daniel (1995), *Emotional Intelligence. Why it can matter more than IQ*, New York (dt. 1995, *Emotionale Intelligenz*, München).

Griffiths, Paul E. (2004), »Is Emotion a Natural Kind?«, in: Lindsey C. Harlan/Robert C. Solomon (Hg.), *Thinking about Feeling. Contemporary Philosophers on Emotions*, Oxford, S. 233–249.

Hartmann, Martin (2002), »Die Repsychologisierung des Geistes. Neuere Literatur über Emotionen«, in: *Philosophische Rundschau*, Band 49, Heft 3, S. 195–223.

Hartmann, Martin (2007), »Emotionen der Skepsis«, in: *Deutsche Zeitschrift für Philosophie*, 55:2, S. 261–288.

Hartmann, Martin (2007), »Damasios Irrtum: Möglichkeiten und Grenzen der neurophysiologischen Gefühlsforschung aus philosophischer Sicht«, in: Klaus Herding/Antje Krause-Wahl (Hg.), *Wie sich Gefühle Ausdruck verschaffen*, Taunusstein, S. 65–81.

Hartmann, Martin (2009), »Das Emotionale Selbst«, in: Barbara Merker (Hg.), *Leben mit Gefühlen. Emotionen, Werte und ihre Kritik*, Paderborn, S. 231–255.

Harré, Rom (Hg.) (1986), *The Social Construction of Emotions*, Oxford.

Hebb, Donald O. (1946), »Emotion in Man and Animal. An Analysis of the Intuitive Processes of Recognition«, in: *Psychological Review*, Band 53, S. 88–106.

Heidegger, Martin (1993), *Sein und Zeit*, Tübingen.

Helm, Bennett W. (2002), »Felt Evaluations: A Theory of Pleasure and Pain«, in: *American Philosophical Quarterly*, 39:1, S. 13–30.

Helm, Bennett W. (2009), »Emotions as Evaluative Feelings«, in: *Emotion Review*, 1:3, S. 248–255.

Hengelbrock, J. (1971), Artikel »Affekt«, in: Joachim Ritter (Hg.), *Historisches Wörterbuch der Philosophie*, Band 1, Darmstadt, Sp. 89–93.

Hübsch, Stefan (2001), »Vom Affekt zum Gefühl«, in: Stefan Hübsch/Dominic Kaegi (Hg.), *Affekte. Philosophische Beiträge zur Theorie der Emotionen*, Heidelberg, S. 137–150.

Hume, David (1978), *Ein Traktat über die menschliche Natur*, Band II, Hamburg.

Hutto, Daniel (2008), *Folk Psychological Narratives*, Cambridge/Mass.

James, Susan (1997), *Passion and Action. The Emotions in Seventeenth-Century Philosophy*, Oxford.

James, William (1884), »What is an Emotion?«, in: *Mind*, Band 9, Heft 34, S. 188–205.

James, William (1881), *The Principles of Psychology*, in 3 Bänden, Cambridge/Mass.

Johnston, Mark (2001), »The Authority of Affect«, in: *Philosophy and Phenomenological Research*, LXIII:1, S. 181–214.

Kambouchner, Denis (1996), Artikel »Passions«, in: Monique Canto-Sperber (Hg.), *Dictionnaire D'Éthique Et De Philosophie Morale*, Paris, S. 1081–1087.

Kenny, Anthony (2003), *Action, Emotion and Will*, mit neuem Vorwort, London.

Konstan, David (2009), »Haben Gefühle eine Geschichte?«, in: Martin Harbsmeier/Sebastian Möckel (Hg.), *Pathos, Affekt, Emotion. Transformationen der Antike*, Frankfurt/M., S. 27–46.

Laërtios, Diogenes (1998), *Leben und Lehre der Philosophen*, hg. v. Fritz Jürß, Stuttgart.
Landweer, Hilge (1999), *Scham und Macht. Phänomenologische Untersuchungen zur Sozialität eines Gefühls*, Tübingen.
Landweer, Hilge/Catherine Newmark (2009), »Seelenruhe oder Langweile, Tiefe der Gefühle oder bedrohliche Exzesse? Zur Rhetorik von Emotionsdebatten«, in: Martin Harbsmeier/Sebastian Möckel (Hg.), *Pathos, Affekt, Emotion. Transformationen der Antike*, Frankfurt/M., S. 79–106.
Lanz, J. (1971), Artikel »Affekt«, in: Joachim Ritter (Hg.), *Historisches Wörterbuch der Philosophie*, Band 1, Darmstadt, Sp. 93–100.
Lenzen, Wolfgang (2004), »Grundzüge einer philosophischen Theorie der Gefühle«, in: Klaus Herding/Bernhard Stumpfhaus (Hg.), *Pathos, Affekt, Gefühl. Die Emotionen in den Künsten*, Berlin/New York, S. 80–103.
Lyons, William (1980), *Emotion*, Cambridge.
Marks, Joel (1982), »A Theory of Emotion«, in: *Philosophical Studies*, Band 42, S. 227–242.
Matravers, Derek (1998), *Art and Emotion*, Oxford.
Nussbaum, Martha C. (1990), »Narrative Emotions: Beckett's Genealogy of Love«, in: dies., *Love's Knowledge. Essays on Philosophy and Literature*, Oxford, S. 286–313.
Panksepp, Jaak (1998), *Affective Neuroscience. The Foundations of Human and Animal Emotions*, New York/Oxford.
Perler, Dominik (1996), »Cartesische Emotionen«, in: Andreas Kemmerling/ Hans-Peter Schütt (Hg.), *Descartes nachgedacht*, Frankfurt/M., S. 51–79.
Platon (1957 ff.), *Sämtliche Werke*, Band 1–6, übers. v. Friedrich Schleiermacher, Hamburg.
Prinz, Jesse (2004), »Embodied Emotions«, in: Lindsey C. Harlan/Robert C. Solomon (Hg.), *Thinking about Feeling. Contemporary Philosophers on Emotions*, Oxford, S. 44–58.
Ratcliffe, Matthew (2010), »The Phenomenology of Mood and the Meaning of Life«, in: Peter Goldie (Hg.), *The Oxford Handbook of Philosophy of Emotion*, Oxford, S. 349–371.
Reisenzein, Rainer (1983), »The Schachter Theory of Emotion: Two Decades Later«, in: *Psychological Bulletin*, Band 94, Heft 2, S. 239–264.
Roberts, Robert C. (1988), »What an Emotion Is: A Sketch«, in: *The Philosophical Review*, Band 97, S.183–209.
Roberts, Robert C. (2009), »Emotionen. Ein Essay zur Unterstützung der Moralpsychologie«, in: Sabine A. Döring (Hg.), *Philosophie der Gefühle*, Frankfurt/M., S. 263–292.
Roberts, Robert C. (2010), »Emotions and the Canons of Evaluation«, in: Peter Goldie (Hg.), *The Oxford Handbook of Philosophy of Emotion*, Oxford, S. 561–583.

Robinson, Jenefer (2005), *Deeper than Reason. Emotion and its Role in Literature, Music and Art*, Oxford.
Rorty, Amélie Oksenberg (1980), »Explaining Emotions«, in: dies. (Hg.), *Explaining Emotions*, Berkeley, S. 103–126.
Rorty, Amélie Oksenberg (2004), »Enough Already with ›Theories of the Emotions‹«, in: Lindsey C. Harlan/Robert C. Solomon (Hg.), *Thinking about Feeling. Contemporary Philosophers on Emotions*, Oxford, S. 269–278.
Roth, Gerhard (2003), *Fühlen, Denken, Handeln. Wie das Gehirn unser Verhalten steuert*, Frankfurt/M. (vollständig überarbeitete Ausgabe).
Schachter, Stanley/Jerome E. Singer (1962), »Cognitive, Social, and Physiological Determinants of Emotional State«, in: *Psychological Review*, Band 69, S. 379–399.
Scherer, Klaus (2009), »Wir alle spielen Affekttheater. Zur Darstellung von Emotionen im Alltag, in der Politik und auf der Bühne«, in: Clemens Risi/Jens Roselt (Hg.), *Koordinaten der Leidenschaft. Kulturelle Aufführungen von Gefühlen*, Berlin, S. 167–178.
Schwarz, Nobert/Gerald L. Clore (1996), »Feelings and Phenomenal Experiences«, in: E. Tory Higgins/Arie W. Kruglanski (Hg.), *Social Psychology. Handbook of Basic Principles*, NewYork, S. 112–144.
Slaby, Jan (2008), »James: Von der Physiologie zur Phänomenologie«, in: Hilge Landweer/Ursula Renz (Hg.), *Klassische Emotionstheorien. Von Platon bis Wittgenstein*, Berlin, S. 549–567.
Solomon, Robert C. (1980), »Emotions and Choice«, in: Amélie Oksenberg Rorty (Hg.): *Explaining Emotions*, Berkeley et al., S. 251–281.
Solomon, Robert C. (2003), »Emotions, Thoughts and Feelings: What is a ›Cognitive Theory‹ of the Emotions and Does it Neglect Affectivity?«, in: Anthony Hatzimoysis (Hg.), *Philosophy and the Emotions*, Cambridge, S. 1–18.
Sorabji, Richard (2000), *Emotion and Peace of Mind. From Stoic Agitation to Christian Temptation*, Oxford.
Sousa, Ronald de (2002), »Emotional Truth«, in: *The Aristotelian Society*, Supplementary Volume LXXXVI, S. 247–263.
Sousa, Ronald de (2010), »The Mind's Bermuda Triangle. Philosophy of Emotions and Empirical Science«, in: Peter Goldie (Hg.), *The Oxford Handbook of Philosophy of Emotion*, Oxford, S. 95–117.
Stearns, Peter N./Carol Z. Stearns (1985), »Emotionology: Clarifying the History of Emotions and Emotional Standards«, in: *American Historical Review*, Band 90, S. 813–836.
Steinfath, Holmer (2001), *Orientierung am Guten. Praktisches Überlegen und die Konstitution von Personen*, Frankfurt/M.
Stocker, Michael (1987), »Emotional Thoughts«, in: *American Philosophical Quarterly*, Band 24, Heft 1, S. 59–69.

Taylor, Charles (1985), »Self-Interpreting Animals«, in: ders., *Human Agency and Language. Philosophical Papers,* Band 1, Cambridge, S. 45–76.

Taylor, Charles (1989), *Sources of the Self. The Making of the Modern Identity,* Cambridge (dt. 1994, *Quellen des Selbst. Die Entstehung der neuzeitlichen Identität,* Frankfurt/M.).

Thomas, Kerstin (2010), *Stimmung. Ästhetische Kategorie und künstlerische Praxis,* Berlin.

Thompson, Ross Allen (1998), »Empathy and Its Origins in Early Development«, in: Stein Bråten (Hg.), *Intersubjective Communication and Emotion in Early Ontogeny,* Cambridge, S. 144–157.

Trevarthen, Colwyn (1993), »The Function of Emotions in Early Infant Communication and Development«, in: Jacqueline Nadel/Luigia Camaioni (Hg.), *New Perspectives in Early Communicative Development,* London/New York, S. 48–81.

Tugendhat, Ernst (1993), *Vorlesungen über Ethik,* Frankfurt/M.

Tugendhat, Ernst (2003), *Egozentrik und Mystik. Eine anthropologische Studie,* München

Vogel, Matthias (2001), *Medien der Vernunft. Eine Theorie des Geistes und der Rationalität auf der Grundlage einer Theorie der Medien,* Frankfurt/M.

Wallace, Jay R. (1994), *Responsibility and the Moral Sentiments,* Cambridge/Mass./London.

Weber-Guskar, Eva (2007), »Emotionale Intentionalität. Zu den Gefühlskonzeptionen von Martha Nussbaum und Peter Goldie«, in: Hilge Landweer (Hg.), *Gefühle – Struktur und Funktion,* Berlin, S. 135–158.

Williams, Bernard (1993), *Shame and Necessity,* Berkeley et al. (dt. 2000, *Scham, Schuld und Notwendigkeit,* Berlin).

Williams, Bernard (1995), »Making Sense of Humanity«, in: ders., *Making Sense of Humanity and other Philosophical Papers 1982–1993,* Cambridge, S.79–89.

Wollheim, Richard (1984), *The Thread of Life,* New Haven/London.

Zahavi, Dan (2007), »Self and Other. The Limits of Narrative Understanding«, in: Daniel Hutto (Hg.), *Narrative and Understanding Persons,* Cambridge, S. 179–201.

Fachzeitschriften, Publikationsreihen, Internetadressen, Forschungszusammenhänge

Die meisten Zeitschriften, die sich mit Gefühlen beschäftigen, finden sich im Bereich der Psychologie: *Motivation and Emotion*; *Emotion*; *Cognition and Emotion*; *Emotion Review*.

Cambridge University Press publiziert die Reihe *Studies in Emotion and Social Interaction*, Oxford University Press die Reihe *Series in Affective Science*; John Benjamins Publishing Company publiziert die *Consciousness and Emotion Book Series* (bis 2004 als Zeitschrift). In diesen Reihen sind psychologische, aber auch philosophische und eher neurowissenschaftlich orientierte Texte erschienen.

Die *International Society for Research on Emotions* (http://isre.org) informiert auf ihrer Homepage über Fachtagungen, Publikationen, Studiengänge etc., die sich schwerpunktmäßig mit Gefühlen beschäftigen. Dort finden sich auch weitere Links. *Emotion Review* ist die Zeitschrift der Gesellschaft (seit 2009).

An der Universität in Genf ist das *National Centre of Competence in Research for the Affective Sciences (NCCR)* angesiedelt (http://www.affective-sciences.org), ein interdisziplinärer Forschungszusammenhang, der seit 2005 besteht und bis 2013 arbeiten wird. An der Freien Universität Berlin arbeitet (seit 2007) der Exzellenzcluster *Languages of Emotion* (http://www.languages-of-emotion.de), der ebenfalls in »multidisziplinärer« Perspektive (allerdings unter größerer Gewichtung experimenteller Ansätze) den Bereich menschlicher Gefühle erforscht. Am Berliner Max-Planck-Institut für Bildungsforschung existiert (seit 2007) der Forschungsbereich *Geschichte der Gefühle* (http://www.mpiba-berlin.de).

Glossar

Affektprogramme Mechanismen, die festlegen, wie komplexe Gefühlsreaktionen ablaufen, wenn sie einmal durch bestimmte Reize ausgelöst werden. Affektprogramme sind gewissermaßen eine Art Drehbuch der Gefühle, sie legen automatisch fest, wann und in welcher Form einzelne Gefühle auftreten. Allerdings wird dieses Drehbuch in weiten Teilen nicht vom Menschen geschrieben; vielmehr ist die Natur Autor der Affektprogramme, so dass sie nur bedingt dem Willen des Menschen unterliegen.

Behaviorismus Für den Behaviorismus ist die Annahme wesentlich, dass die Daten, mit denen die Psychologie arbeitet, beobachtbare Verhaltensdaten sind. Gefühle sind dieser Annahme zufolge subjektive Phänomene, über die wenig wissenschaftlich Verlässliches gesagt werden kann. Um menschliches Verhalten zu erforschen, reicht es in der Perspektive des Behaviorismus aus, den Zusammenhang von bestimmten Stimuli oder Reizen mit den ihnen zugeordneten Reaktionen zu klären. Diese Klärung kann auf den »Umweg« über innere Zustände (Gefühle, Motivationen, Interpretationen) ganz verzichten. Einzig das beobachtbare Verhalten zählt.

Geist-auf-Welt-Ausrichtung (mind-to-world direction of fit) / Welt-auf-Geist-Ausrichtung (world-to-mind direction of fit) Diese Unterscheidung wird zumeist unter Bezug auf John Searles Intentionalitätstheorie verwendet. Unsere Überzeugungen zielen auf Wahrheit und sind insofern darum bemüht, Welt adäquat zu erfassen. Sie sind in diesem Sinne auf Welt ausgerichtet. Wünsche dagegen zielen darauf, dass sich die Welt ändert. Damit ein Wunsch erfüllt wird, muss die Welt dem Wunsch entgegenkommen.

Intentionalität Steht in der Philosophie für das Vermögen des Geistes, sich auf etwas zu richten. Gedanken, Überzeugungen oder Wünsche sind auf etwas gerichtet, sie beziehen sich etwa auf Gegenstände, Personen oder Sachverhalte. Als philosophischer Terminus hat Intentionalität wenig zu tun mit dem im Alltag vertrauteren Begriff der Intention (im Sinne von Absicht).

Introspektion Die Fähigkeit, die Aufmerksamkeit auf die eigenen mentalen und emotionalen Zustände zu richten. Um etwas über Gefühle herauszufinden, so lässt sich dieser Ansatz verkürzt wiedergeben, reicht es aus, den Blick auf sich selbst zu richten, auf die inneren Empfindungen und Erfahrungen, die auf diesem Wege zu Tage treten.

Kognitivismus In der Philosophie der Gefühle beschreibt der Begriff Kognitivismus eine Position, gemäß der Gefühle auf konstitutive Weise mit Urteilen, Wertungen oder Überzeugungen verbunden sind.

Natürliche Art (natural kind) Der Begriff der natürlichen Art wird keinesfalls einheitlich verwendet, aber er bezeichnet in der Regel Objekte, die in theoretisch relevanten Hinsichten Eigenschaften gemeinsam haben. Eichen oder Wale bilden in diesem Sinne eine natürliche Art. In anderen Versionen bezeichnet man mit dem Begriff der natürlichen Art eine Kategorie, die so gefasst ist, dass es möglich ist, von einzelnen Elementen dieser Kategorie in verlässlicher Weise auf die ganze Kategorie zu schließen.

Phänomenologie Der Begriff verweist in der Philosophie der Gefühle nicht auf die philosophische Strömung, die von Husserl ausgeht. Phänomenologische Ansätze betonen in der Regel die Art und Weise, wie sich Gefühle anfühlen, also die Art und Weise, wie es ist, ein Gefühl zu haben oder zu spüren. Wenn ich dagegen den Wunsch habe, ein Buch aus dem Regal zu nehmen, dann würde man nicht unbedingt sagen, dass dieser Wunsch sich irgendwie anfühlt.

Propositionen Sind Inhalte von Äußerungen oder Überzeugungen oder das, was durch einen Satz ausgedrückt wird. Da man ein- und dieselbe Proposition in unterschiedlichen Sätzen ausdrücken kann, handelt es sich bei Propositionen um abstrakte Einheiten, was nicht heißt, dass sie vollständig sprachunabhängig sein können.

Quale Ein Quale ist der qualitative Eindruck, der mit einer Empfindung verbunden ist. Sprechen wir vom Quale einer Empfindung, dann meinen wir die Art und Weise, wie es ist, diese Empfindung zu haben, die Art und Weise, wie sie sich anfühlt.